Emil Peters

Die deutschen und österreichischen Programmabhandlungen des Jahres 1881

Emil Peters

Die deutschen und österreichischen Programmabhandlungen des Jahres 1881

ISBN/EAN: 9783743405455

Hergestellt in Europa, USA, Kanada, Australien, Japan

Cover: Foto ©Paul-Georg Meister /pixelio.de

Manufactured and distributed by brebook publishing software (www.brebook.com)

Emil Peters

Die deutschen und österreichischen Programmabhandlungen des Jahres 1881

Die deutschen und österreichischen

Programmabhandlungen

des Jahres 1881,

nach ihrem Inhalte im Verein mit Fachmännern geordnet und besprochen

von

Dr. Emil Peters,

ord. Lehrer am Dorotheenstädtischen Realgymnasium zu Berlin.

Separat-Abdruck aus dem Central-Organ für die Interessen des Realschulwesens.
X. Jahrgang. Heft XI/XII.

BERLIN.
Verlag von Friedberg & Mode.
Anhaltstraße 8.
1882.

Die deutschen und österreichischen

Programmabhandlungen

des Jahres 1881,

nach ihrem Inhalte im Verein mit Fachmännern geordnet und besprochen

von

Dr. Emil Peters,
ord. Lehrer am Dorotheenstädtischen Realgymnasium zu Berlin.

Separat-Abdruck aus dem Central-Organ für die Interessen des Realschulwesens.
X. Jahrgang. Heft II/III.

BERLIN.
Verlag von Friedberg & Mode.
Anhaltstraße 8.
1882.

Die
deutschen und österreichischen Programm-abhandlungen des Jahres 1881,

nach ihrem Inhalte im Verein mit Fachmännern geordnet und besprochen

von

Dr. Emil Peters,

ord. Lehrer am Dorotheenstädtischen Realgymnasium zu Berlin.*)

A. Philosophie.

1. *Frericks*, Mechanismus und Zweckmäfsigkeit in der Natur. 20 S. 4°. Friedr.-Wilh.-Gymn. zu Greiffenberg in Pommern. 106.

Der Verf. weist zunächst auf die Einseitigkeit der mechanischen Erklärung der Erscheinungswelt hin und verlangt sodann nach Kant's Lehre die Anerkennung wenigstens der **subjektiven** Berechtigung des teleologischen Prinzips. Mechanismus und Zweckmäfsigkeit seien Ausdrucksformen eines und desselben Absoluten, von denen die letztere eine Offenbarung einer zweiten Seite der Natur sei, dazu bestimmt dieselbe dem Menschen näher zu bringen und vertrauter zu machen. — *Frelericks*.

2. *Fischer*, J. G. Die Natur in der Kunst. 15 S. 4°. Realanstalt zu Stuttgart. 518.

Die Abhandlung ist der Abdruck eines vom Verf. auf dem Stuttgarter Museum gehaltenen Vortrages. Anlafs zu dem Abdruck gab die Überzeugung

---

*) Da Bayern dem Programmtausch im vorigen Jahre noch nicht beigetreten war, haben die dort erschienenen Programme leider hier nicht mit berücksichtigt werden können. — Die Zahl am Ende jedes Titels ist die Teubnersche Programmnummer. Die Jahreszahl ist nur da angegeben, wo sie ausnahmsweise nicht 1881 ist. — Einige wenige Programme haben die uns verheifsene Besprechung zu unserm Bedauern nicht gefunden; wir haben uns daher bei diesen mit Anführung der Titel begnügen müssen. Red.

des Verf., daſs die Schule besonders die Aufgabe habe auf die Wahrheit des Naturgefühls überall hinzuweisen, wo sie die Kunst berührt. An einer Anzahl von Stellen aus der Tonkunst, der bildenden und der dichtenden Kunst, besonders der Neuzeit, weist der Verf. auf die groſse und ergreifende Naturwahrheit hin, welche er „die aus den Grundquellen der auserwähltesten menschlichen Naturgabe rückgeborne zweite Natur" nennt. — *Fredericks.*

3. *Höhne.* Darstellung und Beurteilung des Kant'schen Pelagianismus, d. h. der Lehren: 1. vom radikalen Bösen, 2. von der Freiheit, 3. von der Autonomie, 4. von der Autarkie der praktischen Vernunft. 46 S. 4°. Fürsten- und Landesschule Meiſsen. 471.

Der Verf. kritisiert die Lehre Kant's inbeziehung auf die in der Überschrift angeführten vier Punkte, und zwar vom Gesichtspunkte der christlichen Lehre, wie sie namentlich in den Evangelien und den Paulinischen Briefen enthalten ist. Das Resultat seiner Kritik ist im wesentlichen in dem versuchten Nachweise enthalten, daſs die Kant'schen Ansichten eine reine Immanenz-Theorie sind, und daſs der Mangel des ethischen Prinzips Kant's darin liege, daſs es nicht mit dem religiösen Prinzip, der Gottesidee, objektiv vermittelt sei, da die Autonomie des menschlichen Ichs erst in der Theonomie, im Glauben an den persönlichen Gott der Liebe, ihren tiefsten Grund habe, wobei der Verf. keineswegs die tiefen Wahrheiten der Kantischen Ethik, namentlich früheren Standpunkten gegenüber, verkennt. — *Fredericks.*

4. *Schwabe, Franz.* Über Ursachen, Entwickelung und Bedeutung des Rationalismus. 27 S. 4°. Realschule zu Gieſsen. 554.

In der Abhandlung wird das theologische Urteil, welches den Rationalismus wesentlich auf die Abschwächung des religiösen Bewuſstseins als seine Entstehungsursache zurückführt, als unhistorisch und falsch nachgewiesen; vielmehr ist das Hervortreten des Rationalismus als eine durchaus notwendige Entwickelungsstufe des Christentums darzustellen. Beide Richtungen liegen als Keime schon in den ersten Erscheinungsformen des Christentums. Es handelt sich nämlich von jeher um die Bestimmung des Verhältnisses von Offenbarung und Vernunft. Wird die Mitteilung durch göttliche Offenbarung so gefaſst, daſs die Vernunft sich dabei rein receptiv verhält, so entsteht der Supranaturalismus; wird die Vernunft aber bei der Offenbarung als wesentlich aktiv gefaſst, so entsteht der Rationalismus. Beide Richtungen haben dies gemein, daſs sie einseitig die Religion als Sache der Lehre, der Erkenntnis, fassen und daſs sie Gott schlechthin transcendent setzen. Der Rationalismus aber kämpft für die Freiheit des Geistes und strebt nach der Aussöhnung des rein Menschlichen mit dem wahrhaft Christlichen. — *Fredericks.*

5. *Ricola, J. E.* Über das Verhältnis der Vorstellungen und Begriffe zum Sein. Nach den hauptsächlichsten philosophischen Standpunkten. 61 S. 4°. Groſsherzogl. Gymn. zu Rastatt. 528.

Die Abhandlung ist die vierte in der Reihe der vom Verf. über die philosophischen Erkenntnistheorieen veröffentlichten und erörtert ausführlich und klar die wesentlichsten Punkte des Leibniz'schen Systems sowie die bedeutenderen der späteren Philosopheme bis auf die Gegenwart, wobei der Verf. überall seinen eignen erkenntnistheoretischen Standpunkt hervorhebt, den er als transcendentalen Realismus bezeichnet. — *Fredericks.*

6. *Luczukowski, Constantin.* Codicum Platonicorum indicem confecit. 26 S. 8°. Ruthenisches akad. Staatsgymn. zu Lemberg.

Eine dankenswerte Zusammenstellung sämtlicher bekannten Codices platonischer Schriften (151 an der Zahl) nebst Angabe ihres Fundortes, Alters, Inhaltes, Wertes, ihrer Benutzung durch Herausgeber u. s. w. Für die besten erklärt Verf. den Clarkianus und den Parisinus 1807 (A), von denen der erstere von den 6 ersten Tetralogieen, der letztere von der 8. und 9. den besten Text bietet; zur Ergänzung der Lücke, nämlich der 7. Tetralogie, ist der Venetus App. cl. 4. c. 1 herauszuziehen. Der Wert der Florentiner und eines Teiles der Wiener Handschriften ist noch einer erneuten Prüfung zu unterziehen. — *Peters.*

7. *Kindelmann, Thomas.* Der philosophische Gehalt des Mythus in Platon's Phädrus, dargelegt mit Rücksicht auf seine Seelenlehre. K. K. Staats-Gymn. in Kremsier. 35 S. 8°.

Die Anordnung ist die, dafs nicht sowohl der Mythus von Schritt zu Schritt gedeutet, als dafs die Umrisse von Platon's Seelenlehre in zwei Abschnitten (1. Wesen der Seele, 2. Verhältnis derselben zu den Objekten der Aufsenwelt; hierher sind auch die Ideen gezogen;) und vielen Unterabteilungen dargestellt und immer die entsprechenden Momente des Mythus herangezogen werden oder deren Fehlen konstatiert wird. Dafs „Phaedrus" die erste Schrift Pl.'s sei, hält Verf. für ausgemacht. — *Borchardt.*

8. *Barks.* Über Inhalt und Zweck des Platonischen Dialogs Lysis. 15 S. 4°. Victoria-Gymn. zu Burg. 194.

Die verschiedenen Ansichten über den Zweck des Platon. Dialogs Lysis und der Umstand, dafs einige denselben dem Platon überhaupt absprechen und als Machwerk eines Nachahmers bezeichnen, haben den Verf. veranlafst im Gegensatz zu Schaarschmidt, gerade von der Betrachtung der Kompositionsweise aus, den Nachweis zu führen, dafs allerdings trotz des scheinbar negativen Verlaufs ein positives Resultat in dem Dialoge vorliegt, welches der Verf. am Schlufs der Abhandlung so zusammenfafst: „Das Wesen der Freundschaft besteht in dem durch die Unvollkommenheit des weder Guten noch Schlechten, d. h. des relativ Guten, begründeten Streben derselben nach dem Guten, als dem um seiner selbst willen Erstrebenswerten. Auf das menschliche Leben angewandt ist danach, da alle Tüchtigkeit auf Wissen beruht, die Freundschaft das gemeinsame Streben relativ guter Menschen nach Weisheit oder die Gemeinschaft derselben in der Philosophie.
Fredericks.

9. *Bertram.* Platon's Alkibiades I, Charmides, Protagoras. 52 S. 4°. Kgl. Landesschule Pforta. 208.

Verf. hat es sich zur Aufgabe gestellt an den genannten drei Sokratischen Dialogen Platon's, die von Horaz für das Drama verlangte und in den uns erhaltenen Tragödien erkennbare Form der Fünfteiligkeit (Prolog, 3 Akte und Schluſs) nachzuweisen und damit darzuthun, daſs derjenige Erklärungsmodus, welcher von der dramatischen Natur der Platonischen Dialoge ausgeht, nicht notwendig auf falschen Voraussetzungen beruht oder Fremdartiges heranzieht. Die letzte Bemerkung ist besonders gegen Bonitz gerichtet, der ein solches Verfahren für bedenklich erklärt. — *Fredericks.*

10. *Ritter.* Analyse und Kritik der von Platon in seiner Schrift vom Staate aufgestellten Erziehungslehre. 14 S. 4°. Progymn. zu Brühl. 368.

Der Verf. versucht nachzuweisen, daſs Platon als erster Gründer eines organischen Erziehungs-Systems, wenn er sich auch zuweilen geirrt habe und zu weit gegangen sei, die wesentlichsten Seiten einer wahren Pädagogik so richtig erkannt und so geistreich ausgeführt habe, daſs auch jetzt noch jeder Erzieher, der sich seiner Aufgabe voll bewuſst werden will, zu ihm als der lautersten Quelle zurückkehren werde. — *Fredericks.*

11. *Wagner, Joseph.* Zu Platon's Ideenlehre. K. K. Staatsgymn. in Nikolsburg. 30 S. 8°.

Die Abhandlung zerfällt in drei Teile: Genetische Entwickelung der Idee, Merkmale der Idee, Aporieen der platonischen Ideenlehre. In diesem letzten Abschnitt wendet sich Verf. besonders gegen Lotze-Dieck's Deutung vom Sein der Idee, weiterhin gegen die (besonders von Zeller) behauptete Ursächlichkeit der Ideen und die Identifizierung Gottes und der Idee des Guten. Aus dem zweiten Abschnitt sei erwähnt, daſs Verf. Soph. und Euthyphr. für unecht hält. Der erste Teil entfernt sich am weitesten von der üblichen Auffassung. — *Borchardt.*

12. *Scheiding.* Platon's Ansichten über die Tugend. T. II. 16 S. 4°. Städt. evangel. Gymn. zu Waldenburg in Schlesien. 173.

Ausführlicher Nachweis, daſs bei Platon die Tugend auf Wissen beruht, und daſs die Vernunfterkenntnis unbedingt die Tugend erzeugt, welche als vollendete in der Gottähnlichkeit besteht. — *Fredericks.*

13. *Königs.* Über Platon's Kunstanschauung (Schluſs). 20 S. 4°. Gymnasium zu Saargemünd. 439.

Verf. tadelt es, daſs Pl., statt in der Kunst die Nachschaffung der Urbilder der Gattung zu erkennen, sie nur für Nachbildung der Exemplare hält, und will glauben, Pl. habe beabsichtigt die Kunst durch ein recht hohes Ziel und strenges Urteil vor dem Zerfall zu bewahren. — *Borchardt.*

14. *Bernd, Friedrich.* Die Logik nach Aristoteles und Kant. Gymnasium der K. K. Theresianischen Akademie in Wien. 54 S. 8°.

Verf. will zeigen, daſs A. und K. hinsichtlich ihrer Logik nicht, wie man angenommen, in striktem Gegensatz stehen. Die Logik des ersteren wird dargestellt auf S. 1—24, die K.'s bis S. 45, und bei jedem Abschnitte Übereinstimmung und Differenz hervorgehoben. Den Schluſs (pag. 48—54) bildet eine zusammenfassende Erörterung und Vergleichung. — *Borchardt.*

Philosophie.

15. *Wetzel.* Die Lehre des Aristoteles von der distributiven Gerechtigkeit und die Scholastik. 20 S. 4°. Gymn. zu Warburg. 315.

Verf. bespricht zunächst die Bedeutung des διανεμητικόν, seit der Scholastik mit „distributive Gerechtigkeit" übersetzt, und gelangt zu dem Resultate, dafs dieselbe im Sinne des Aristoteles inbezug auf ihr Objekt („Ehre, Geld und die übrigen Dinge, welche zur Verteilung an die Glieder eines Staatswesens gelangen können.") nichts anderes sei als Unparteilichkeit. Thomas v. Aquino dehnte diesen Gerechtigkeitsbegriff auch auf nicht-staatliche Gemeinschaften aus, so auch auf die Ordnung des Universums. Hier zeige sich die distributive Gerechtigkeit darin, dafs Gott jedem Gegenstande der Schöpfung diejenige Stellung zuweise und diejenigen Vollkommenheiten erteile, die ihm vermöge seiner Eigenschaften gebühren. Die späteren Scholastiker haben diese Anschauung zwar nicht ganz aufgegeben, doch fafsten sie den Begriff der göttlichen Gerechtigkeit weit enger und pflegten ihn auf die richterliche Thätigkeit Gottes zu beschränken; seit Cajetan geschieht dies dauernd; nur bei den Jesuiten ward er nachträglich noch verändert. — *Fredericks.*

16. *Zahlfleisch, J.* Anmerkungen zur Seelenlehre des Aristoteles mit besonderer Berücksichtigung des Trendelenburg'schen Kommentars hierzu. K. K. Staats-Gymn. in Ried. 36 S.

Nächst Tr. ist besonders Fr. Brentano's Psychol. des Aristoteles inbetracht gezogen. — *Borchardt.*

17. *Klobassa, Rudolf.* Die von Aristoteles in der Poetik für die Tragödie aufgestellten Normen und ihre Anwendung auf die Tragödien des Sophokles. Deutsches K. K. Staats-Obergymn. in Olmütz. 27 S. 8°.

In der Hauptsache übersichtliche Wiedergabe u. Erklärung des Wesentlichsten aus den bezüglichen Kapiteln, stellenweis unter Heranziehung der Anmerkungen Ritter's und Vahlen's. Auch auf die Schneidewin'schen Einleitungen ist verwiesen. Die Erörterungen des Verf. selbst sind knapp gehalten und nicht zahlreich. Die Peripetie in der Antigone sei keine wahre, weil Kreon's Sinnesänderung ohne Erfolg bleibe(!). Die ἁμαρτία des O. C. sieht Verf. in dem unversöhnlichen Groll des Königs gegen seine Mitbürger. — *Borchardt.*

18. *Schmidt, Johann.* Die psychologischen Lehren des Aristoteles in seinen kleinen naturwissenschaftlichen Schriften. 37 S. 8°. Staatsgymn. auf der Kleinseite in Prag.

19. *Miruss, Ernst.* Quaestionum Aristotelearum specimen. 9 S. 4°. Gymnas. in Wandsbeck. 245.

Vergleichung der psychologischen Betrachtungen in der Politik, Rhetorik und nikomachischen Ethik mit der Darstellung in de anima. Das Resultat ist Übereinstimmung, nur dafs 1) in jenen einige Unterscheidungen wegfallen wegen des nach einer anderen Seite gerichteten Interesses und der Bestimmung dieser Werke für ein breiteres Publikum, und dafs 2) in der Auffassung des ὀρεκτικόν und seiner Einreihung unter die Seelenteile sowie in der Auffassung des νοῦς eine wirkliche Differenz vorliegt. — *Borchardt.*

20. *Kirchner*, Lic. Dr. F. Über die Notwendigkeit einer metaphysischen Grundlage für die Ethik. Königl. Realschule zu Berlin. 77.

Der Verf. sucht durch kritische Betrachtung nachzuweisen, dafs selbst die hervorragendsten Denker, welche die metaphysische Begründung der Ethik verwerfen, wider Willen oder ihnen selbst unbewufst auf die Metaphysik hingedrängt worden sind. — *Fredericks.*

21. *Ficker, J. G.* Fichte's Gedanken über Erziehung. 38 S. 4°. Realsch. II. O. zu Krimmitschau. 479.

Der Verf. entwickelt kritisch die in Fichte's Werken sich findenden pädagogischen Grundbegriffe nebst dessen Ansichten über Zweck, Ziel und Methode der Erziehung und hebt mit recht hervor, dafs Fichte auch auf dem Gebiete wissenschaftlicher Pädagogik in mancher Beziehung bahnbrechend gewesen sei. Fichte's Bedeutung liegt darin, dafs er den kosmopolitischen Bestrebungen der Pädagogen des 18. Jahrhunderts gegenüber den hohen Wert einer wahren Nationalerziehung erkannte und begründete. Vor allem aber brachte er in der Erziehung das sittliche Prinzip zur Geltung, welches bei ihm mit dem religiösen gröfsenteils zusammenfällt. — *Fredericks.*

22. *Drunks.* Beiträge zu einer Seelenlehre vom ethnographischen Standpunkt aus. 45 S. 8°. Realsch. I. O. zu Trier. 417.

Der Verf. fafst die populären Anschauungen, welche die verschiedensten Völkerstämme über die Seele hegen, nach den bis jetzt erstatteten Berichten folgendermafsen zusammen:

1. bei jeder Rasse findet sich eine mehr oder minder vollständige Vorstellung von einer menschlichen Seele als Trägerin des Lebens sowie von einem Leben derselben nach dem physischen Tode;
2. auf fast allen Kulturstufen ist die Seele eine körperliche, deren Materialität mit der Erhöhung der Kultur abnimmt und erst auf der höchsten Stufe als rein geistiges Wesen erfafst wird;
3. bei jeder Rasse scheinen in den Anschauungen über die Seele besondere, der Rasse eigentümliche charakteristische Züge sich zu finden;
4. einen sehr wesentlichen Einflufs auf die Seelenlehre übt die äufsere Umgebung aus; dahin gehören die physischen Verhältnisse des Landes, der Charakter etc. der Nachbarvölker u. s. w. — *Fredericks.*

23. *Füjolein.* Das metaphysische Problem der Veränderung in der griechischen Philosophie. Gymn. zu Merseburg. 203.

24. *Brüll.* Entwickelungsgang der griechischen Philosophie. Erste Folge. Von Thales bis Sokrates. 24 S. 4°. Gymn. zu Düren. 378.

Verf. stellt den Entwicklungsgang der griechischen Philosophie von Thales bis Sokrates nach den Handbüchern von Brandis, Ritter, Zeller und Überweg für das Verständnis der oberen Gymnasialklassen fafslich dar, weil er der Ansicht ist, dafs die philosophische Propaedeutik am Gymnasium, wenn sie sich lediglich auf die Elemente der Logik und Psychologie beschränke, ihre Aufgabe (Einführung in das Studium der Philosophie) nicht hinreichend zu lösen vermöge, daß vielmehr historische Behandlung und religiöse Beleuchtung helfend und fördernd hinzutreten müsse. — *Fredericks.*

25. *Guttmann.* Über den wissenschaftlichen Standpunkt des Sokrates. 12 S. 4°. Königl. Gymn. zu Brieg. 149.

Nachdem die Lehren der Hylozoisten (Thales, Anaximenes, Herakleitos und Anaximandros), ferner der Idealisten (Anaxagoras, Parmenides und Pythagoras) und der Materialisten (Leukippos und Demokritos) in kurzen Zügen beleuchtet sind und sodann der Standpunkt der Sophistik auseinandergesetzt ist, erörtert der Verf. den Standpunkt, welchen Sokrates, den vorausgegangenen philosophischen Ansichten gegenüber, im bewußten Gegensatz zu denselben einnahm. Aus der Anthropologie des Sophisten wird bei ihm Ethik, und damit wird er der Begründer der teleologischen Anschauung. Die Philosophie des Sokrates fragt daher nach dem Zweck des menschlichen Daseins und findet denselben in der Erkenntnis Gottes sowie des Menschengeistes und seiner Bestimmung. — *Fredericks.*

26. *Barlen, K.* Antisthenes und Platon. 16 S. 4°. Gymn. mit Realklassen zu Neuwied. 393.

Um die Beziehungen der beiden Philosophen zu ermitteln, wird zunächst die Lehre des Antisthenes dargestellt. Als charakteristisch für Ant. sei nur verbürgt die Verwerfung der nichtidentischen Urteile. Dann geht Verf. an die Betrachtung der Stellen Platon's, von denen einige im Soph. sich offenbar auf A. beziehen, während die zwei Sätze im Kratylus, deren Träger nicht genannt sind (die behauptete Unmöglichkeit die Unwahrheit zu sagen und die Kongruenz von Wort und Begriff) nicht gerade auf Antisthenes gedeutet werden müssen. Auch Soph. p. 218 gehe nicht auf A., ebensowenig Theaet. 201 C. Eine Fortsetzung der Untersuchung ist versprochen. — *Borchardt.*

27. *Schwen.* Über griechischen und römischen Epikureismus. 20 S. 4°. Realsch. I. O. zu Tarnowitz. 188.

Der Verf. sucht den Epikureismus als das Produkt einer Zeit, in welcher die bisherigen Stützen des Lebens morsch geworden waren, den Anfeindungen (besonders Cicero's) gegenüber zu rechtfertigen und hebt insbesondere die eigentümliche Wendung hervor, welche derselbe auf römischem Boden durch Lucrez erfahren habe, insofern der ausgesprochene Pessimismus seiner Welt- und Lebensanschauung mit dem Eudaemonismus des Epikureischen Systems im schroffsten Widerspruche stehe. — *Fredericks.*

28. *Kleist, Hugo von.* Der Gedankengang in Plotin's erster Abhandlung über die Allgegenwart des intelligiblen All in der wahrnehmbaren Welt. 28 S. 4°. Königl. Gym. und Realsch. I. O. zu Flensburg. 235.

Die philosophischen Ansichten Plotin's über das Verhältnis des intelligiblen All, welchem die Seele angehört, zu seinem Nachbilde, der wahrnehmbaren Welt, aus der 4. und 5. Abhandlung der 6. Enneade klar zu erkennen halten einige wegen der Verworrenheit der Darstellung für unmöglich. Dessenungeachtet hat der Verf. den Versuch gemacht, zunächst mit der

29. *Meißner.* Leibniz' Streit mit Clarke über den Raum. 9 S. 4°. Höhere Bürgerschule zu Pillau. 16.

Der von dem englischen Geistlichen Clarke, einem Schüler und begeisterten Anhänger Newton's, mit Leibniz geführte Streit über den Raum wird eingehend beleuchtet. Dem falschen Begriffe Leibniz' vom Raum gegenüber machte Clarke den Raum als **Gröfse** geltend. Verf. schliefst sich dieser Ansicht an und folgert aus der Denkbarkeit des leeren Raums mit Clarke die absolute, von der Existenz der Körper unabhängige Existenz des unendlichen Raumes, mifsbilligt aber jede Definition des Raumes, da die Vorstellung desselben eine in uns fertige sei, über deren Ursprung nachzusinnen überflüssig und erfolglos sein würde. — *Fredericks.*

30. *Krause.* Die Erkenntnislehre Kant's und ihre Bedeutung für unsere Erkenntnis. Gymn. zu Marienwerder. 26.

31. *Friede.* Wesen und Begriff des Tragischen und des Komischen. 19 S. 4°. Ev. Gymn. zu Schweidnitz. 175.

Der Verf. analysiert das Wesen und den Begriff des Tragischen an der Hand der aesthetischen Forschungen Carrière's und Zeising's. Das **Tragische** liegt in dem harmonisch zu lösendem Widerstreite, in welchen eine in sich berechtigte, aber einseitig über das Mafs hinaus strebende und daher jenseit dieser Grenze unberechtigte Gröfse mit einem anderen, ebenfalls berechtigten Grofsen tritt. Das Komische ist niemals von Anfang ein schlechthin Einfaches, sondern immer ein Zwiefaches, das Zwiefache in ihm immer ein Kontrastierendes, diametral Auseinanderlaufendes; seine Einheit besteht nur in dem Zusammenschwinden in einen einzigen Punkt oder, wie man zu sagen liebt, in dem Hinauslaufen auf eine Pointe und wahrt ihm dadurch den Charakter des Eigentümlichen, Absonderlichen, Originellen. Im Komischen manifestiert sich die Idee einer transitorischen, mit Blitzesschnelle an uns vorüberhuschenden Vollkommenheit und kündet sich die flüchtigste, aber für den Moment wirksamste und siegreichste unter allen Arten des Schönen an. — *Fredericks.*

32. *Bahnsen.* Aphorismen zur Sprachphilosophie. 35 S. 8°. Progymn. zu Lauenburg. 103.

Verf. behandelt die Sprachbildung vom Standpunkt seiner Willensmetaphysik. Alle seelischen Erscheinungen sind aus einem erkennenwollenden Individualwillen herzuleiten. Auf die Sprache im weitesten Sinne angewandt ergibt jenes Ziel wie diese Voraussetzung sofort eine Zerlegung der Betrachtung nach drei Hauptrichtungen; denn beim Gebrauch der durch die Sprache in ihren verschiedenen Formen dargebotenen Mittel verfolgt der Wille thatsächlich drei Hauptzwecke: 1) ein Nachansensetzen innerer Regungen zum Zweck der Seelenbefreiung durch Objektivierung 2) ein Mitteilen äufserer oder innerer Vorgänge, Ereignisse, Pläne u. dergl. zum Zweck des Mitwissens anderer, und 3) ein geistiges Verarbeiten ungegliederten Bewufstseinmaterials zum Zweck bequemerer Verwendbarkeit, klarerer Einsicht, handlicherer Mitteilbarkeit, kurz: vernünftiger Beherrschung. — *Fredericks.*

33. *Unterweger, Albert.* Die philosophische Propädeutik in der Hand des Religionslehrers. Eine Reflexion pro domo. 32 S. 8°. K. K. Gymn. zu Brixen.

Der Verf. behandelt die Frage, ob nur der Lehrer des Deutschen und der Mathematik zur Erteilung der philosophischen Propädeutik geeignet erscheine, und kommt an der Hand von zahlreichen aus der Apologie, der Glaubens- und der Sittenlehre entnommenen Beispielen zu dem Schlufs, dafs auch dem Religionslehrer dieser Unterricht übertragen werden kann. Aber auch die Religionslehre zieht aus der Logik Vorteil, den, dafs die logische Durchbildung des Christentums durch die Logik geprüft wird. — *Bombe.*

B. Pädagogik.

34. *Arnstädt, Fr. Aug.*, Roger Ascham, ein englischer Pädagog des XVI. Jahrhunderts, und seine Geistesverwandtschaft mit Johannes Sturm. 33 S. 4°. Gymn. und Realsch. zu Plauen i. V. 472.

Bisher waren in Deutschland zwei ausführliche Arbeiten über Roger Ascham erschienen, eine von Kirsten „Über Ascham's Leben und Schriften", die andere von Dr. Katterfeld „R. Ascham, sein Leben und seine Werke etc." Die vorliegende Arbeit soll zur Ergänzung dieser beiden Abhandlungen dienen, beschäftigt sich daher im Anschlufs an Kirsten hauptsächlich mit dem zweiten Teile des „Schoolmaster". Zum Schlufs werden die freundschaftlichen Beziehungen besprochen, in denen Ascham zu Joh. Sturm in Strafsburg stand. — *E. Wetzel.*

35. *Zaubitzer.* Locke als Pädagog. 16 S. 4°. Realsch. I. O. zu Weimar. 588.

Locke hat zwar in seinem Werk über Erziehung nur die sogenannten besseren Stände im Auge, betont zu sehr das Nützlichkeitsprinzip, vernachlässigt die aesthetische Bildung und idealisiert die Hofmeistererziehung, so dafs das Produkt seines Erziehungsplanes der routinierte Weltmann, der ehrenwerte praktische Verstandesmensch ist; dessenungeachtet hat er auch das grofse Verdienst, dafs er zuerst auf körperliche Entwickelung und Gesundheitspflege drang, der Muttersprache die gebührende Geltung verschaffte, die sittliche Bildung betonte und seine Methode auf psychologischem Grunde beruhen liefs. — *Fredericks.*

36. *Krüger.* Johann Buggenhagen's Wirksamkeit für die Schulen Niederdeutschlands. 16 S. 4°. K. Reasch. I. O. zu Annaberg. 75.

Ein vorzüglicher Gehilfe Luther's und Melanchthon's am Werk der Reformation war Joh. Buggenhagen (geb. zu Wollin 1485, gest. zu Wittenberg 1558). Seine hervorragend pädagogische Richtung bekundet er in seinen Kirchenordnungen, in denen die Artikel von der Schule stets das Fundament und den Ausgangspunkt bilden. Vor allem war er bedacht auf die Bildung eines tüchtigen Lehrerstandes. Ihm wird die Einführung eines festen Gehaltes, die Beschaffung guter Lehrerwohnungen, die Fürsorge für emeritierte oder kranke Lehrer verdankt. Die Schulen selbst teilte er in Lateinschulen, deutsche Schulen und Lectorien, deren Lehrplan der Verf. schildert. — *Peters.*

37. *Vogt, Gideon.* Das Leben und die pädagogischen Bestrebungen des Wolfgang Ratichius. IV. Abteilung. 54 S. 4º. Gymn. zu Cassel. 331.

Ratichius im Schwarzburgischen (1621 — 1628), in Jena (1628 — 1631) und seine letzten Lebensjahre († 1635). Von besonderem Interesse ist ein hier abgedrucktes Referat über den Vortrag, den R. im Januar 1628 in Jena vor einer zur Prüfung seiner Methode berufenen Konferenz hielt, ferner die der Jenenser Kommission von R. vorgelegte Darlegung sowie eine früher (1612) von ihm verfaßte fragmentarische Schilderung seiner Lehrmethode, und endlich ein dem Kanzler Oxentierna vorgelegtes Gutachten über seine pädagogischen Bestrebungen. — *R. H.*

38. *Gehbke, A.* Gottfried Hoffmann's Zittauisches Die cur hic und hoc age. Ein Beitrag zur Geschichte der Gymnasialpädagogik. 24 S. 4º. Johanneum in Zittau. 473.

G. Hoffmann, ein geborner Schlesier, der schon vorher Rektor in Lauban gewesen war, wurde 1708 Christian Weise's Nachfolger im Rektorat in Zittau. Er starb schon 1712. Seine Bedeutung als Schulmann knüpft sich besonders an seine Lehrverfassung vom Jahre 1709; er nannte sie „Zittauisches die cur hic et hoc age". Er ist ein Geistesverwandter von Comenius und Francke. Mit dem letzteren stimmt er oft fast wörtlich überein, ohne daß eine Abhängigkeit von Francke's Schriften vorhanden ist. Der Verf. gibt den Inhalt der Schrift ausführlich wieder. — *Kl.*

39. *Walda, Rudolf.* Bemerkungen zu Bain's Erziehung als Wissenschaft. 24 S. 8. Realsch. zu Böhmisch-Leipa.

C. Religion.

40. *Rummler, Ludovicus.* De Aristidis philosophi Atheniensis sermonibus duobus apologeticis. 17. S. 4º. K. Realsch. I. O. zu Rawitsch. 142.

Der Verf. bespricht zunächst die Lage der Christen unter Trajan und Hadrian, die denselben gebot, ihre Religion mit Wort und Schrift zu verteidigen. Eine solche Apologie des Christentums überreichte dem Kaiser Hadrian der athenische Philosoph Aristides. Von den beiden im Jahre 1878 gefundenen, in armenischer Übersetzung erhaltenen Fragmenten derselben ist der eine Traktat wahrscheinlich von Aristides verfaßt, da er mit der Schreibweise der Apologeten des zweiten Jahrhunderts übereinstimmt, der andere aber, die Worte Jesu am Kreuz, einem anderen Verfasser zuzuweisen. — *Bombe.*

41. *Müller, Joseph.* Biographisches über Johannes Duns Scotus. 28 S. 4º. K. kath. Gymn. an der Apostelkirche zu Köln. 372.

Der Verf. erwähnt zunächst die schwankenden Angaben über Geburtsjahr, Geburtsland und frühesten Bildungsgang des Duns Scotus. Nur mit

einiger Wahrscheinlichkeit läfst sich Irland als dessen Heimat ansehen.
Bereits im 20. Lebensjahre bestieg er den Lehrstuhl der Philosophie in
Oxford und verfafste zuerst einen Kommentar über Petrus Lombardus.
1304 finden wir ihn in Paris, wo er die Lehre von der immaculata conceptio
siegreich verteidigte. 1307 oder 1308 mufste er sich nach Köln begeben,
um die Sekte der Begharden zu unterdrücken, und starb in demselben Jahre.
Seine Schriften betreffen besonders die Lehren des Thomas von Aquino.
Seine Gebeine erfuhren viermal eine Translation, doch konnte seine Heilig-
sprechung nicht bewirkt werden. — *Bombe*.

42. *Hann, Franz Gustav*. Über Amalrich von Bena und David von Dinant.
Ein Beitrag zur Geschichte der religiösen Bewegungen in Frankreich zu
Beginn des 13. Jahrhunderts. 22 S. 8°. Staatsgymn. in Villach.

Amalrich von Bena, im Gebiet der Diöcese von Chartres geboren, ver-
trat die platonisierende Lehre, dafs nur das Allgemeine Realität habe und
real nur die allgemeine katholische Kirche sei, alle Individuen aber nur
insofern existierten, als sie Teil an letzterer haben, und wurde infolgedessen
vier Jahre nach seinem Tode auf der Synode zu Paris (1209) exkommuni-
ziert. Seine Schüler entwickelten jedoch die Lehre weiter. —

Über das Leben David's von Dinant ist nichts Sicheres bekannt; nähere
Nachrichten über seine Lehre gibt, da sein eignes Buch nach dem Beschlufs
der Synode von Paris 1209 verbrannt wurde, Albert von Ballstädt. Sie
teilt alles Vorhandene in Körper, Seelen und von der Endlichkeit getrennte
Substanzen; da aber alle drei Gattungen einfach und unteilbar sind, so
gibt es nach D. nur eine Substanz, die er auch Gott nennt. Die Erkenntnis dieser einen Substanz ist aber nur dadurch möglich, dafs der menschliche
Geist mit der allumfassenden Substanz eins ist. — *Bombe*.

43. *Kubista, Joseph*. Zur Lehre des Magisters Johann Hus. 38 S. 8°. K. k.
deutsches Staatsgymn. in Budweis.

Eine systematische Darstellung der Gesamtlehre des Reformators ist
erst mit der im Jahre 1868 abgeschlossenen Gesamtausgabe seiner Schriften
durch Dr. Erben möglich geworden. Aus diesen Schriften aber geht hervor,
dafs Hus nur die Bibel als Quelle der religiösen Wahrheit anerkennt, unter
der Kirche nur die Gesamtheit der Prädestinierten versteht, nur in Christo
das Oberhaupt der Kirche sieht und die Befähigung zum priesterlichen Amt
nicht auf die Priesterweihe durch den Bischof gründet. Ein Prädestinierter
bleibt, auch wenn er der gegenwärtigen Gerechtigkeit durch die Sünde verlustig wird, doch im Besitz der gratia praedestinationis. Gute Werke sind
zur Erlangung der ewigen Seligkeit notwendig, werden sie aber im sündigen
Zustande verrichtet, so sind sie schädlich; nur dem Praedestinierten kann
die Todsünde nicht schaden, während der einer Todsünde schuldige Laie
sich aller Rechte auf Besitz und Würde verlustig macht. Die Laien sind
verpflichtet unter beiderlei Gestalt zu kommunizieren. Die Gewalt Sünde
zu vergeben haben die Priester nur insofern, als sie sich mit Gott in
Übereinstimmung befinden, und dürfen die Vergebung nicht an Bedingungen
knüpfen. Die richterliche und vollziehende Gewalt gebührt auch in rein
kirchlichen Angelegenheiten den Laien, und das Recht über den Kirchen-

besitz zu verfügen der Obrigkeit. Aus diesen Abweichungen von der Lehre der katholischen Kirche zieht der Verf. den Schluſs, daſs Hus mit recht verurteilt wurde. — *Bombe.*

44. *Knabe, E.* Die Torgauer Visitations-Ordnung von 1529. 24. S. 4°. Gymn. zu Torgau. 216.

In Torgau hatte der Rat schon 1525 mit der katholischen Kirche gebrochen, so daſs die Visitatoren, zu denen auch Luther und Justus Jonas gehörten, bereits im Jahre 1529 bis auf die Lehre alles geordnet fanden. Die Visitation, deren Wortlaut genau mitgeteilt wird, giebt Vorschriften über die Predigt, über den Lebenswandel der Prediger und über den Unterricht. Aus den Erläuterungen ist zu erwähnen, daſs der Rat schon 1522 beschlossen hatte in der Stadtkirche und in St. Nikolai einen Kasten für Almosen aufzustellen, in welchen aber seit 1529 sämtliche Einnahmen flossen, so daſs aus demselben auch die Ausgaben bestritten wurden. — *Bombe.*

45. *Krebs.* Joannes a Jesu Maria. 22 S. 4° K. Real-Gymn. zu Wiesbaden. 355.

Zu den wenig gekannten Vertretern der Mystik aus der Zeit nach der Reformation gehört Joannes a Jesu Maria. Geboren am 27. Januar 1564 zu Calahorra in Altkastilien trat er 1582 in die Kongregation der unbeschuhten Karmeliter zu Pastrana ein. 1590 wurde er Priester, 1594 mit der Novizenerziehung beauftragt und 1597 nach Rom versetzt, wo er eine ausgedehnte schriftstellerische Thätigkeit entwickelte und, allmählich befördert, 1611 Praepositus Generalis wurde. In dieser Stellung stiftete er viele Konvente und starb 1615 im Kloster St. Silvestri bei Tusculum. Sein Leichnam ist nach der Legende unverweslich. — *Bombe.*

46. *Roderich, Friedrich Wilh.* Die Völkertafel des Moses. II. Teil. 22 S. 4°. Progymn. zu Prüm. 394.

Bei der Besprechung der Völkertafel des Moses erinnert der Verf. an die Thatsache, daſs wir von den Schicksalen Sem's und seiner Brüder Ham und Japhet nichts Näheres wissen. Was aber die Söhne Sem's betrifft, so weist er den Nachkommen des ältesten, Elam, das Land östlich vom Tigris in dem späteren Susiane und Elimais an. Von dem zweiten Sohne, Assur, stammen die Assyrier ab, deren semitischer Ursprung besonders in der Sprache hervortritt. Die Nachkommen des dritten, Arpachsad, wohnten weiter nördlich und hieſsen Chaldäer. Von dem vierten Sohne, Lud, stammen die Lydier in Kleinasien ab, welche die ursprünglich dort wohnenden Phrygier verdrängten. Die nach Aram benannten Aramaeer wohnten zwischen Euphrat und Tigris und verbreiteten sich wahrscheinlich bis nach Cilicien. Von den in der Völkertafel erwähnten Abkömmlingen Aram's ist wahrscheinlich, daſs die Nachkommen des Uz die Teile Syrien's bevölkerten, welche später Trachonitis und Huraea hieſsen. — *Bombe.*

47. *Reinthaler, Paul.* Biblisches Lektionarium für die Morgenandachten höherer Lehranstalten. 22. S. 4°, K. Gymn. zu Cöslin. 102.

Der Verfasser erwähnt vorab, daſs bei der Zusammenstellung seines biblischen Lektionariums religiöse und pädagogische Gesichtspunkte gleichmäfsig bestimmend für ihn gewesen seien: jedweder Abschnitt müsse leicht übersichtlich und ohne hinzugefügte Erklärung verständlich sein. Aufserdem aber ist, um den Reichtum der Bibel zur Anschauung zu bringen, die Auswahl so getroffen, dafs für zwei Wochentage der Stoff aus den historischen, für zwei aus den epistolischen Schriften des Neuen Testaments und für zwei aus den Psalmen sowie aus den prophetischen und didaktischen Büchern des Alten Testamentes entlehnt ist. — *Bombe.*

48. *Schulze, Carl.* Die Parabeln Jesu im Krist und Heliand; zugleich ein Beitrag zur ästhetischen und theologischen Würdigung beider Dichtungen (I. Teil). 26 S. 4°. Realsch. I. O. zu Lippstadt. 320.

Der Verfasser geht von der Thatsache aus, dafs eine verschwindend kleine Anzahl von Parabeln in beiden Dichtungen verwertet ist und keine einzige in beiden zugleich. Die Auswahl ist eine prinzipielle. Die 7 Gleichnisse im Heliand erzählen von Ereignissen aus dem gewöhnlichen Leben und zeigen nationales Gepräge, während diejenigen im Krist Vorfälle aus dem verfeinerten Leben der höheren Stände mitteilen und einen spezifisch jüdischen Charakter tragen. Aufserdem beziehen die von Otfried ausgewählten sich sämtlich auf die Vollendung des Reiches Gottes und schildern das Gericht in aller Schärfe; in den vom Sachsen benutzten aber erscheint das Gericht viel milder. Für ersteren sind Ethik und Ästhetik mafsgebend gewesen, den Niedersachsen aber hat Anschaulichkeit bei der Auswahl geleitet.
— *Bombe.*

49. *von Ortenberg, A.* Das Gebet des Herrn nach Dr. Martin Luther's kleinem Katechismus bearbeitet für die Obertertia des Gymnasiums. 23. S. 4°. Gymn. zu Salzwedel. 211.

Der Verfasser behandelt zunächst die Stellung des Vaterunsers im Katechismus und definiert das Wesen des Gebetes als das Verlangen der Seele nach Gemeinschaft mit Gott. Nach seiner Auffassung sind die Hauptmomente des christlichen Glaubens enthalten in der Anrede. Die erste Bitte hat die bedingungslose Unterordnung unserer Erkenntnis unter die göttliche Offenbarung und uneingeschränkte Unterwerfung unseres Willens unter den Willen Gottes zum Gegenstande und ist so die Grundvoraussetzung aller unserer Gemeinschaft. Die zweite bildet die Geburts- und Wohnstätte der Gottesgemeinschaft, die dritte die Grenze der Gemeinschaft in Christo gegen die Welt, die vierte mit dem Gebet um das tägliche Brot enthält den Übergang in die schlechte Wirklichkeit, in den Machtbereich der Sünde und ihrer zerstörenden Wirkungen. — *Bombe.*

50. *Boehme.* Die Heilslehre des Apostels Paulus nach dem Römerbrief. 22 S. 4°. K. Gymn. in Conitz. 17.

Der Verfasser geht von der Zurückweisung der Annahme aus, dafs das Wesen der Sünde in der Sinnlichkeit des Menschen beruhe, und definiert dieselbe als Selbstsucht und Verirrung. Hierauf bespricht er den eigentlichen Wert des Gesetzes und findet ihn nach dem Vorgange des Apostels darin, dafs es die infolge der Sünde eingetretene Straffälligkeit des Menschen zum

Bewußtsein bringe. Um jedoch bei der menschlicherseits hervorgetretenen Notwendigkeit der Versöhnung die Wirklichkeit derselben darzuthun, hat Paulus den Begriff der Gerechtigkeit ausgebildet, die durch Christi versöhnenden Tod erworben wird. Aber Gott nimmt das Lösegeld nicht, sondern giebt es, wie Paulus Röm. 3, 25 sagt, und da das Blut das von Gott geordnete symbolische Mittel der Sühne ist, so stellt Paulus den Versöhner als das vollkommene Opfer dar und als dessen Merkmal sittliche Vollkommenheit, Sündlosigkeit. Da aber der Begriff der Ehre mit dem der Gerechtigkeit unvereinbar ist, so ist die Lösung des Widerspruches zwischen Gott und den Menschen nur durch die Gnade möglich. Die Verwirklichung der Versöhnung liegt, wie im 3. Teile auseinandergesetzt wird, in dem Glauben an Jesum Christum, d. h. in dem Vertrauen, daß wir in dem Sühntode Jesu Christi Rechtfertigung und in der Gemeinschaft des Auferstandenen durch Mitteilung des Heiligen Geistes die Heiligung erlangen. Die Vollendung des Heils besteht in der Aufhebung des Gegensatzes zwischen Gott und Menschen im Denken, Fühlen und Wollen. — *Bombe.*

51. *Hirsch, Ludwig.* Der Brief Pauli an die Philipper. 22. S. 4°. Gymn. und Realsch. I. O. zu Prenzlau. 72.

Verf. will einen Beitrag liefern zur Lösung der Aufgabe den Schülern der oberen Klassen das Verständnis der Schrift zu vermitteln und findet dieselbe in Beziehung auf den Brief Pauli an die Philipper mit recht darin, daß die geschichtlichen Lebensverhältnisse, unter denen der Apostel den Brief geschrieben, zu ermitteln und zu verflechten seien, um unter dem Bilde dieser Persönlichkeit die göttliche Wahrheit anzuschauen. — *Bombe.*

52. *Preiss.* Pauli Brief an die Epheser, seine Empfänger, sein Verhältnis zum Brief an die Kolosser, seine Echtheit. Höhere Bürgerschule zu Königsberg. 16a.

53. *Metz, Adolf.* Die antipetrinische Rede des Apostels Paulus (Gal. 2, 14—21) didaktisch erörtert. 37 S. 4°. Gelehrtenschule des Johanneums zu Hamburg. 629.

Die Schwierigkeit dieser Rede liegt, wie richtig gesagt wird, in dem dialektischen Verhältnis der Begriffe und in der Kürze des Ausdrucks. Nachdem der Verfasser die einzelnen Teile der Sätze nach ihrem logischen und grammatischen Wert geprüft hat, stellt er als Ergebnis der Rede fest, daß das Verhalten des Petrus unter dem Gesichtspunkte des Selbstwiderspruches, der Lästerung Christi, der Gesetzesübertretung und der Undankbarkeit gegen Gott zu beurteilen sei, und leitet mit recht dasselbe aus dem Charakter des Apostels ab. Petrus legte als ein Mann von leicht erregbarer und empfindlicher Gemütsart und bei dem Mangel an geistiger Durchbildung dem Gesetz gegenüber eine schwankende Haltung und Auffassung an den Tag.

Pauli Auffassung vom Christentum ist aber ein System von Postulaten, denen Thatsachen aus der inneren christlichen Lebenserfahrung des Apostels zugrunde liegen. — *Bombe.*

54. *Franz Fauth.* Systematische Darstellung der christlichen Glaubens- und Sittenlehre für den evangelischen Religionsunterricht auf höheren Lehranstalten. 18 S. 4°. K. Wilhelms-Gymn. zu Höxter. 307.

Der Verfasser erörtert in der Einleitung das Wesen der Religion und gliedert dann den Stoff der christlichen Dogmatik in der bekannten Weise, dafs er zuerst die Lehre von Gott, im zweiten Teile die vom Sohne Gottes, im dritten die vom Heiligen Geiste behandelt. — *Bomle.*

55. *Buchenau.* Ein evangelischer Liederdichter. Gymn. zu Rinteln. 341.

D. Deutsch. allg. Grammatik und Mittellateinisch.

56. *Krause.* Die Ursprache in ihrer ersten Entwickelung. III. Teil. 26 S. 4°. K. kath. Gymn. zu Gleiwitz. 154.

Von der Wurzel plak. „schlagen" wird eine Reihe von griechischen, lateinischen und neuhochdeutschen Wörtern abgeleitet; vereinzelt werden auch aus den älteren germanischen Mundarten und verwandten Sprachen Formen angeführt, doch, wie u. a. aus S. 5 Z. 12 ff. deutlich hervorgeht, ohne Verständnis des historischen Verhältnisses und ohne jegliche Rücksicht auf die Bedeutung, da z. B. „flechten" und „lösen" aus der Bedeutung „schlagen" sich entwickelt haben sollen. Dessenungeachtet soll dieser Abhandlung eine weitere über die Wurzel pag folgen und allmählich ein Werk geschaffen werden, durch welches die Vokabeln dem denkenden Verstande zugänglich werden und die klassischen Studien eine neue Anregung erhalten würden. — *Pieper.*

57. *Wäschke, Hermann.* Über die Entstehung der Sprache und der Einzelsprachen. 23 S. 4° Gymn. u. Realsch. zu Dessau. 591.

Eine endgültige Lösung der Frage nach dem Ursprunge der Sprache ist nach der Ansicht des Verfassers nur dadurch möglich, dafs man für alle Sprachfamilien die jedesmalige Grundsprache zu rekonstruieren und dann durch Vergleichung sämtlicher Grundsprachen die menschliche Ursprache zu erschliefsen versucht, wenn anders alle Sprachen der Erde aus einer einzigen hervorgegangen sein sollten. Bei jener Untersuchung der Einzelsprachen aber müsse man streng unterscheiden zwischen Sprachbildung, wenn nämlich ein Individuum Lautkomplexe zur Bezeichnung der von aufsen empfangenen Eindrücke selbständig erfinde, und zwischen Erziehung zur Sprache, bei der der Einzelne sich die von anderen geschaffenen Ausdrücke aneigne. — *Pieper.*

58. *Imme.* Die Fragesätze nach psychologischen Gesichtspunkten eingeteilt und erläutert. 46 S. 4° K. Gymn. zu Cleve. 370.

Der zweite Teil der Abhandlung des Verf. (der erste Teil war 1879 in dem Progr. der Anstalt veröffentlicht) behandelt in 3 Kapiteln „die Bestätigungsfragen, die pädagogischen und rhetorischen Fragen, und die Wahlfragen oder Entscheidungsfragen, auch disjunktive Fragen" genannt. Der Verfasser nimmt für alle Sprachbetrachtung zwei Hauptrichtungen an, die historisch vergleichende und die psychologische. und ist der Ansicht, dafs in der Fülle der sprachlichen Erscheinungen gewisse psychische Gesetze sich dauernd geltend machen, welche gewisse einmal in einer Sprache vorhandene

Grundrichtungen durch fortwährende Neubildungen stetig zu neuem Leben verhelfen. Dies ist der Gesichtspunkt, nach welchem der Gegenstand behandelt ist. — *Fredericks*.

59. **Fritz, Aug.** Zur Frage der Verwertung der Etymologie in der Schule. 72 S. Niederösterr. Landes-Realsch.- und Obergymn. zu Horn.

Verfasser will zu der Frage, ob die Resultate der etymologischen Forschung in der Schule zu verwerten seien oder nicht, keineswegs eine entscheidende Beantwortung geben, sondern nur ein bescheidenes Wort mitsprechen, zumal da schon eine Reihe von Schulgrammatiken nach den Grundsätzen der vergleichenden Sprachwissenschaft geschrieben seien. Eine etymologische Erklärung der Wörter hält er besonders bei den Dichtern für nötig, deren herzerhebender Eindruck neben dem inneren Gehalte ihrer Gedanken auch auf der mächtig wirkenden Diktion beruhe, wozu er Proben gibt. An das Wort sequor knüpft er dabei über die Verba, welche einen Anschluss an eine Person oder Sache bezeichnen, einen Excurs, den er in einem zweiten Teile fortsetzen will. — *Pieper*.

60. **Stehlich, Friedrich.** Die Sprache in ihrer Beziehung zum Nationalcharakter. 29 S. 4° R.-S. I. O. zu Cassel. 345.

§. I. Einleitende Bemerkungen. §. II. Einzelgeist und Nationalgeist. §. III. Volksverstand und Volkssprache. §. IV. Volksgemüt und Volkssprache. §. V. Volksverstand und Volksgemüt als gemeinsame Bildner der Volkssprache. — Zum Schluss einige Bemerkungen über Nationalstil. — Die Arbeiten von W. v. Humboldt, Pott, Lazarus, Steinthal, Max Müller, Whitney etc. sind vom Verf. berücksichtigt worden, die Abhandlung von G. Curtius „Sprache, Sprachen und Völker, Leipzig 1868" und das Werk von Wedener „Über die Wichtigkeit und Bedeutung der Sprache für das tiefere Verständnis des Volkscharakters", Frankfurt a. M, 1859, sind ihm nicht zugänglich gewesen. — *R. H.*

61. **Vogel, Hilarius.** Das phonetisch-etymologische Element in der deutschen Sprache. K. K. Staats-Oberrealsch. im III. Bezirke in Wien. 23 S. 8°.

Die Tendenz dieses Essays soll sein an einer Auswahl von Wörtern zu zeigen, daß die Anfänge der Sprache auf einer zuerst bloß laut-nachahmenden und durch Laute nachbildenden, dann aber den gewonnenen Sprachstoff immer mehr vergeistigenden Thätigkeit des redenden d. i. denkenden Menschen beruhen. In welcher Weise und mit welcher Akribie dabei verfahren wird, zeigt zur Genüge ein Beispiel. S. 16 heißt es: „Der Urmensch benannte die ihn sanft umspielende Luft (goth. hluftus), mit dem weichen Hauchlaute hl offenbar diese Bewegung des Elementes nachbildend". Die gothische Form dieses Wortes lautet aber luftus ohne h, und daß, selbst wenn dieselbe mit h anlautete, dies h auf ursprüngliches k zurückgehen würde, ist dem Verfasser gleichfalls unbekannt, wie er überhaupt keine Ahnung von dem Gesetz der Lautverschiebung zu haben scheint. Außerdem sind die wenigen angeführten griechischen Wörter zum größten Teile falsch geschrieben. — *Pieper*.

Lederer. Einführung in die Geschichte der deutschen Sprache. 37 S. 1°. Gymn. zu Arnstadt. 619.

Nach einer Einleitung über die Einteilung der Sprachen überhaupt sowie über den Umfang und die Verwandtschaftsverhältnisse des indogermanischen Sprachstammes gibt der Verfasser zunächst eine kurze Übersicht über die charakteristischen Eigentümlichkeiten des Germanischen und bespricht dann nach den besten Werken die einzelnen germanischen Völkerschaften hinsichtlich ihrer Sprache und der erhaltenen Sprachdenkmäler, so dafs die Stellung unserer Muttersprache innerhalb der Sprachenwelt anschaulich wird. — *Pieper.*

Steiner, Wilh. Zur Geschichte der Ablautfrage in der deutschen Grammatik. 81 S. 8°. Oberrealsch. in Czernowitz.

Enthält in klarer und übersichtlicher Darstellung eine fleifsige und vollständige Zusammenstellung aller Ansichten, welche seit Jac. Grimm bis in neueste Zeit über den Ablaut aufgestellt sind. — *Pieper.*

Herford, F. Über den Accusativ mit dem Infinitiv im Deutschen. 18 S. 4°. Gymn. zu Thorn. 32.

Nicht, wie der Acc. c. Inf. entstanden sei, will der Verf. untersuchen, sondern (durch eine bei einzelnen Schriftstellern an Vollständigkeit streifende Anzahl von Citaten) zeigen, dafs er früher auch im Deutschen vorhanden gewesen sei, und zwar nicht blofs in der got., ahd. und mhd. Zeit, sondern auch im Nhd. bis herab auf Lessing. Seit letzterem sei diese Konstruktion bis auf geringe Spuren verschwunden; denn die Struktur, welche wir noch jetzt gewissen Verben wie „sehen, hören etc." folgen lassen, sei nicht der eigentliche Acc. c. Inf., sondern ihm nur verwandt. — *Pieper.*

Neumann, W. Über die Betonung der Fremdwörter im Deutschen. 13 S. 4°. K. Gymn. zu Grofs-Strehlitz. 177.

Eine Zusammenstellung der im Schulunterricht öftern vorkommenden Fremdwörter, an denen die inbezug auf ihre Betonung herrschende Willkür nachgewiesen und eine Änderung zum Besseren vorgeschlagen wird. Verf. unterscheidet: A) Wörter, die ohne Veränderung des Wortbildes aus fremden Sprachen übernommen sind, B) Fremdwörter, die den Einflufs der deutschen Sprachgesetze irgendwie erfahren haben. Für alle gilt die Regel: 1) einsilbige Wörter, die auf Konsonanten endigen, werden kurz gesprochen; 2) betonte Vokale in mehrsilbigen Wörtern werden lang gesprochen, wenn nicht mehrere Konsonanten ihnen folgen; 3) Vokale unbetonter Silben werden gewöhnlich als Kürzen behandelt. — *R. H.*

Thele, Th. Der Name des Berges Hohenzoller; ein Beitrag zur Mythologie und ältesten Geschichte des Landes und Geschlechtes Hohenzollern. 36 S. 8°. Höh. Bürgersch. in Hechingen. 420.

Der Verf. will in dieser Fortsetzung seiner im vorigen Jahre veröffentlichten Arbeit den ausführlichen Beweis liefern, dafs das Wort Zoller von *solarius* abzuleiten sei und „Sonnenberg" bedeute. Zu diesem Zwecke sucht er hier noch weiter nachzuweisen, dafs der Berg der Sitz einer besonderen

Verehrung des Wodan als Sonnengott gewesen sei. Dabei führt der Verf. eine Reihe von Lokal- und Geschlechtssagen an und leitet sie aus dem Wodan-Berchta-Mythus ab. — *Kl.*

67. *Margan.* Keltische Ortsnamen in der Rheinprovinz. 2. Abteilung. 12 S. 4°. Realsch. I. O. zu Aachen. 403.

Es werden Orts- und Flufsnamen des südlichen Teiles der Rheinprovinz (hauptsächlich der Regbez. Cöln, Coblenz und Trier) zunächst auf die überlieferten lateinischen Formen zurückgeführt und diese dann mit den entsprechenden Namen in keltischen Ländern verglichen. Zu bemerken ist jedoch, dafs sich einige darunter befinden, die von römischen Personennamen abgeleitet werden. Fortsetzung des Themas und Zusammenstellung der lateinischen Ortsnamen werden für das nächste Programm in Aussicht gestellt. — *J. K.*

68. *Kühnel.* Die slavischen Ortsnamen im Grofsherzogtum Mecklenburg-Strelitz. Gymn. zu Neubrandenburg. 572.

69. *Schickopp.* Litauische Elementar-Grammatik. II. Teil: Satzlehre. Gymn. zu Tilsit. 11.

70. *Marold, C.* Über die gotischen Konjunktionen, welche $οὖν$ und $γάρ$ vertreten. 30 S. K. Friedrichs-Kollegium zu Königsberg in Pr. 3.

Da die gotische Sprache sehr reich an Konjunktionen ist, so findet sich häufig eine griechische Partikel durch mehrere gotische Wörtchen wiedergegeben. Infolgedessen versucht der Verf. die feineren Bedeutungsverschiedenheiten dieser fast synonymen Partikeln aufzudecken, und zwar zunächst für die Repräsentanten von $οὖν$ und $γάρ$. — *Pieper.*

71. *Zinsser, G.* Der Kampf „Beowulf's mit Grendel" als Probe einer metrischen Übersetzung des angelsächsischen Epos „Beóvulf". 18 S. 4°. Realsch. zu Forbach. 448.

Die für ein gröfseres Publikum bestimmte Übersetzung enthält die ersten 12 Abschnitte (nach der Handschrift) und beruht auf Heyne's Ausgabe (1877). Sie ist in fünffüfsigen Iamben nicht ohne Gewandtheit abgefafst und mit Erläuterungen versehen, die jedoch wissenschaftlich neue Resultate nicht liefern. — *J. K.*

72. *Khull, F.* Die Stadtgesetze von Eger aus den Jahren 1352—1460. 44 S. 8°. Zweites Staats-Gymn. in Graz.

Die älteste Aufzeichnung von Polizeiverordnungen der ehemals reichsunmittelbaren Stadt Eger stammt aus dem Jahre 1352. Eine zweite mannigfach abweichende gehört dem Jahre 1400 an. Beide Stadtrechte befinden sich fast vollständig erhalten im Archiv zu Eger. Eine dritte Fassung ist aus dem Jahre 1460, befindet sich ebenda und weicht in Einteilung und Inhalt von den beiden ersteren wesentlich ab. Das Egerer Stadtrecht ist kein ursprüngliches, sondern eng mit dem Nürnberg's verwandt. In rechtsgeschichtlicher Beziehung ist es schon mehrfach verwertet, jedoch noch nie vollständig herausgegeben worden. Dies geschieht hier; auch werden als

73. *Dürnwirth, R.* Zwei Bruchstücke aus altdeutschen Dichterwerken. A. Aus dem jüngeren Titurel. B. Aus Ottacker's Reimchronik. 39 S. 8°. Staats-Oberrealsch. zu Klagenfurt.

Das erste Bruchstück wurde 1880 im Schlofsarchive zu Wasserleonburg im unteren Gailthale gefunden. Es enthält jedoch von dem über 6200 Strophen zählenden Gedichte des Albrecht von Scharfenberg nur 24 vollständige und 8 teilweise erhaltene. Die dialektischen Eigentümlichkeiten verraten den bayerisch-österreichischen Schreiber. Das Fragment selbst stammt aus dem 14. Jahrhundert, befindet sich im Besitz des kärntn. Geschichtsvereins und wird von dem Herausgeber diplomatisch genau zum Abdruck gebracht. — Das zweite Fragment, Ottacker's Reimchronik angehörig, wurde 1879 in Klagenfurt gefunden und von dem Archivar Janko in der Corinthia, LXX. Jahrg. 1880, bekannt gemacht. Es wird gleich obigem in vorliegender Abhandlung einer eingehenden Untersuchung unterzogen und ebenfalls abgedruckt. — *Peters.*

74. *Lüth, Carl.* Der Ausdruck dichterischer Individualität in Gottfried's Tristan. 33 S. 4°. Friedrich-Franz-Gymn. zu Parchim. 561.

Wie alle höfischen Dichter des Mittelalters abhängig sind von einer französischen Vorlage, so auch Gottfried in seinem Tristan. Nicht im Erfinden, sondern im Behandeln des Stoffes liegt die Arbeit der deutschen Dichter: sie geben demselben das persönliche Gepräge. Darum ist die Frage nach der dichterischen Individualität Gottfried's berechtigt. Sie liegt zunächst in der Kunst Zustände der Seele zu zeichnen, wobei er mit besonderem Takte die Darstellung zu starker Affekte vermeidet; sodann in einem feinen Gefühle für dichterische Schönheit, das ihn bestimmt in seinen Beschreibungen die rechte „mâze" zu halten; so sind auch seine Gleichnisse und Metaphern einfach und klar. Ferner zeigt seine Eigentümlichkeit sich auch in Reflexionen, Sentenzen und sprichwörterartigen Wendungen, durch die er die Erzählung unterbricht; und endlich trägt selbst die Form seiner Dichtung ein individuelles Gepräge, wie eine Charakteristik seiner Sprache, seiner Perioden, stilistischen Eigentümlichkeiten, Verse und Reime ergibt. — *Peters.*

75. *Carl Schmuhl.* Beiträge zur Würdigung des Stiles Hartmann's von Aue. 32 S. 4°. Lat. Hauptschule zu Halle. 198.

Der erste Abschnitt (S. 1—23) handelt von dem bildlichen Ausdruck. An Bildern ist Hartmann ziemlich reich. Dieselben werden klassifiziert nach den Gebieten, aus denen sie genommen sind, und mit Beispielen belegt. Der zweite Abschnitt (S. 24—25) macht auf die häufige Anwendung der Personifikation aufmerksam. Der dritte (S. 25—27) handelt von dem Gebrauch des „Wunsches"; der vierte endlich (S. 27—32) bespricht das Naive sowie Scherz und Humor bei Hartmann und gibt davon Beispiele. — *Peters.*

76. *Weingartner, Jos.* Die von L. Bock aufgestellten Kategorieen des Konjunktivs im Mittelhochdeutschen untersucht an Hartmann von Aue. 4 S. 8⁰. Staatsgymn. zu Troppau.

Da sich für den Sprachgebrauch des Mhd., besonders bei den Dichtern, allgemeingültige syntaktische Regeln nur mit grofser Schwierigkeit aufstellen lassen, so ist der Verf. dafür, dafs jeder Autor für sich allein untersucht werde, und thut dies in lobenswerter Weise hinsichtlich des Gebrauchs des Konjunktivs bei Hartmann von Aue. Zugrunde gelegt ist die Einteilung Bock's, dessen Aufstellungen jedoch in manchen Punkten berichtigt oder ergänzt werden. — *Pieper.*

77. *Fietz, A.* Gedicht vom heil. Kreuz von Heinrich von Freiberg. 16 S. 8⁰. K. K. Staatsgymn. in Cilli.

Das Gedicht, nur in einer Handschrift der Wiener Hofbibliothek vom Jahre 1393 erhalten, hat bisher nur einen, und zwar diplomatisch getreuen, Abdruck erfahren in Fr. Pfeiffer's altdeutschem Übungsbuche. Als Dichter desselben nennt sich v. 92 f. ein Heinrich von Vriberc. Herausgeber gelangt durch seine Untersuchungen zu der Überzeugung, dafs derselbe identisch ist mit dem Fortsetzer des Tristan und der Ritterfahrt. Demnach rekonstruiert er den Text nach zwei guten Handschriften des Tristan, wie sie Reinh. Bechstein seiner Ausgabe zugrunde gelegt hat. In der Einleitung handelt Herausgeber noch aufserdem über Leben und Heimat des Dichters, wonach er aus Freiberg in Sachsen stammte, meist in Böhmen lebte und ca. 1300 das heil. Kreuz, ca. 1305 die Ritterfahrt, ca. 1310 den Tristan dichtete; ferner über den Bau seines Verses, den Reim und den Stoff. Letzterer ist eine der schönsten Legenden, reich an sinnigen Gedanken und Beziehungen. — *Peters.*

78. *Petlenz, K. J.* Konrad's von Würzburg Leben und Bedeutung. 33 S. 8⁰. Staatsgymn. bei St. Hyacinth in Krakau.

Das Programm enthält eine anziehende und mit richtigem Urteil geschriebene Studie über Konrad von Würzburg; das litterarische Material ist, wie die wiederholt in den Anmerkungen angeführte Litteraturgeschichte Scherer's erweist, bis auf die neueste Zeit ausgiebig benutzt worden. Neues konnte dabei natürlich kaum gefunden werden. Konrad ist um 1225 zu Würzburg geboren, verliefs (etwa 1250) seine Vaterstadt, gründete aber erst um 1270 ein festes Heimwesen zu Basel. In der Zwischenzeit hielt er sich dichtend ohne ständigen Aufenthalt am Oberrhein auf. Er war verheiratet, hatte zwei Töchter und starb zu Basel am 31. August 1287. Seine Werke lassen sich in 3 Gruppen einteilen: 1) erzählende Dichtungen im höfischen Geiste; 2) Legenden und Gedichte geistlichen Inhalts; 3) lyrische Gedichte in allen Formen. Zu tadeln ist der Mangel einer entschiedenen eigenen Richtung. Allgemeine Anerkennung aber wurde und wird gezollt der Formvollendung seiner Dichtungen, und wenn er auch einem Gotfried, Wolfram, Hartmann und Walther weit nachsteht, so ist er doch jedenfalls der beste der Epigonen. — *Peters.*

79. *Reinhardt, Fr.* Zur Charakteristik des Nibelungenliedes: Vergleich des epischen Stiles der Nibelungen mit dem der Kudrun. 12 S. 4°. Realsch. I. O. zu Aschersleben. 221.

Das Nibelungenlied in der überlieferten Gestalt ist um 1210 entstanden; auf dieselbe Zeit und Heimat weist nach Sprachgebrauch und Metrik die Kudrun. Der Stil in beiden ist der des volksmäfsigen Gesanges in festen Formen und Phrasen, aber doch verschieden, weil es der Inhalt beider Epen so erheischte. Im Nibelungenlied sind noch deutlich heidnisch-mythische Elemente wahrzunehmen, und das Christentum tritt zurück; in der Kudrun herrschen überall christliche Vorstellungen, dagegen ist die Sage umwuchert mit märchenhaften Auswüchsen. Auch die Stellung der Frau ist in beiden Gedichten verschieden. Im Nibelungenliede bewahren Frau und Mann den heroischen Charakter; in der Kudrun herrscht das völlige Bewufstsein von der Ritterpflicht des Frauendienstes, doch sind die Frauen noch weit entfernt von den Damen der französisch-deutschen Hofpoesie. Ein jüngeres Geschlecht als im Nibelungenliede führt in der Kudrun die Waffen: hier herrscht der ger, dort der leichtere spe'r; die Kämpfe sind anders geartet. Auch das Verhältnis der Helden unter einander ist ein anderes: im Nibelungenliede bilden die Helden einen abgeschlossenen Hofstaat und gibt es wirkliche Recken, welche Mannestreue mit ihrem Könige und mit einander verbindet. Der Dichter der Kudrun aber ist überall bemüht die Helden als Verwandte einzuführen, es fehlt an namhaften Helden. Zu diesen inneren Gründen des Stilunterschiedes gesellen sich äufsere, metrische und sprachliche, Verschiedenheiten. Die metrischen werden noch in allgemeinen Zügen dargestellt, die sprachlichen aber als zu weit führend ausgeschlossen. — *Peters.*

80. *Pogé, Emil Hubert.* Über zwei prosaische Darstellungen der Nibelungensage in der nordischen Litteratur. 23 S. 4°. Realsch. I. O. zu Chemnitz. 478.

Die Arbeit ist eine Inhaltsangabe der Völsungasaga (S. 6—11) und der Thidrekssaga (S. 11—23), soweit sich diese auf das Nibelungenlied beziehen. — *Peters.*

81. *Walz, Michael.* Gârel von dem blüenden tal. 56 S. 8°. K. K. akadem. Gymn. in Wien.

Verfasser, der sich lange mit des Pleiers unedierter Dichtung Gârel von dem blüenden tal beschäftigt hat, hält mit recht, manchen absprechenden Urteilen gegenüber, eine Ausgabe dieses Artusromanes für gerechtfertigt. Da er selbst eine solche vorbereitet, so veröffentlicht er an dieser Stelle einige Tausend Verse aus demselben, um der Kritik genügenden Stoff zu bieten. Voraus schickt er eine kurze Besprechung der Linzer Handschrift und ihres Schreibers und erläutert dabei seine kritischen Grundsätze. — *Peters.*

82. *Benedict, Anton.* Über eine mittelhochdeutsche Übersetzung der Meditationes des heiligen Augustinus. 15 S. 8°. K. K. deutsche Staatsrealsch. in Karolinenthal (Prag).

Den Schlufs des Cod. germ. 70 in München (XV. saec.) von fol. 86—151 bildet eine Übersetzung der Meditationes des heil. Augustinus. Weil derselben von fol. 1—85 eine Übersetzung der Soliloquia des Augustin vorangeht, welche mit Sicherheit dem Bischof Johann VIII. von Olmütz zum Verfasser hat, so hat man bisher auch jene dem Kanzler Karl's IV. zugeschrieben. Verf. weist aber aus der Verschiedenheit des Dialekts und aus inneren Gründen nach, dafs Bischof Johann jenem elenden Machwerk fern steht. — *Peters*.

83. *Jundt, August*. Die dramatischen Aufführungen im Gymnasium zu Strafsburg. Ein Beitrag zur Geschichte des Schuldramas im XVI. und XVII. Jahrhundert. 68 S. 4°. Protest. Gymn. zu Strafsburg. 441.

Der erste Abschnitt dieser Abhandlung bespricht das Schuldrama des 16. und 17. Jahrhunderts im allgemeinen, der zweite die ältere Periode (bis 1580) der Strafsburger Aufführungen insbesondere, für welche der bekannte Rektor Sturm aus pädagogischen Gründen Sorge trug; es wurden nicht nur ganze Dramen der Alten mit verteilten Rollen auswendig gelernt, sondern auch Reden des Cicero und Demosthenes „aufgeführt". Der dritte Abschnitt schildert die Darstellungen bis zum Anfange des 30jährigen Krieges, zu denen ein eigenes Theater erbaut wurde, wobei wir Näheres über die äufsere Einrichtung und den Kostenaufwand dieser Aufführungen erfahren. Dann folgt eine Liste der dargestellten, meist neulateinischen Dramen mit den nötigen litterarischen Notizen. Den letzten Abschnitt bilden Mitteilungen über Form und Inhalt der Stücke nach den zum Teil noch erhaltenen Textdrucken oder Verdeutschungen. Die meisten derselben sind nach römischen, nur zwei nach griechischen Vorbildern verfafst; der fruchtbarste Autor unter den Neulateinern war Caspar Brülov. Von den antiken Dichtern begegnen wir Aeschylus, Sophokles, Euripides, Aristophanes (Wolken) und Plautus. — *J. K.*

84. *Schultze, Martin*. Plattdeutsche Urkunden des städtischen Archivs zu Oldesloe. IV. 8 S. 4°. Höh. Bürgersch. zu Oldesloe. 252.

Nach kurzer Inhaltsangabe der in früheren Programmen (1878—80) von demselben Verf. veröffentlichten Dokumente der Stadt, werden in dem vorliegenden die ältesten Urkunden des dortigen Schuhmachergewerks aus dem 16. Jahrhundert und der ersten Hälfte des 17. abgedruckt. Das erste und die letzten Stücke sind hochdeutsch, die längeren jedoch plattdeutsch. Zum besseren Verständnis ist für letztere die Übersetzung beigefügt. — *J. K.*

85. *Procel, Jaro*. Neue Beiträge zu Klopstock's Messias (Apostroph, Hiatus Allitteration.) 29 S. 8°. Oberrealsch. im VIII. Bezirke Wien's.

86. *Seldner, K*. Lessing's Verhältnis zur altrömischen Komödie. Eine litteraturhistorische Untersuchung. 29 S. 4°. Realgymn. in Mannheim. 534.

Die Lektüre der alten Komödien, die Lessing schon als Schüler und als Student betrieb, verschaffte ihm Dichter-, Menschen- und Bühnen-Kenntnis. Sein „Schatz" ist eine freie Umarbeitung des Trinummus. Auch schrieb er bei seinem ersten Aufenthalte in Berlin mehrere ästhetische und kritische Abhandlungen über Plautus, durch die er das Verständnis für diesen Dichter im gröfseren Publikum zu wecken suchte. In seiner Minna von Barnhelm folgte er jedoch den Alten nicht mehr ängstlich. Terenz tritt in Lessing's

Schriften gegen Plautus zurück: ihm widmete er nur einige Betrachtungen in der hamburgischen Dramaturgie, und von 1769 an finden sich überhaupt bei Lessing nur noch vereinzelte Notizen über die alte Komödie. — Der Druck der verdienstlichen Abhandlung ist leider zu eng und zu klein. — *J. K.*

87. *Rohleder, Julius.* G. E. Lessing's Emilia Galotti als Lektüre für Prima. 25 S. 4°. K. und Gröning'sches Gymn. zu Stargard in Pommern. 112.

Verfasser wünscht, dafs sämtliche Erläuterungen vor der Lektüre jedes Abschnittes gegeben werden, das Lesen aber (mit verteilten Rollen) ganz ohne Unterbrechungen erfolge. Nach der Lektüre müsse der Lehrer sodann eine Inhaltsangabe vom Schüler fordern und geeignete Themata zu häuslichen Aufsätzen daraus entnehmen. Auch ein Vergleich mit dem in demselben Semester privatim zu lesenden Macbeth Shakespeare's könne das Verständnis der dramatischen Regeln fördern, während die Charaktere durch Vorzeigung der Pecht'schen Bilder besser veranschaulicht würden. Erst am Schlusse der Lektüre sollen den Schülern Mitteilungen über die Entstehung und die Geschichte des Dramas gemacht und die Kunstgesetze der Tragödie erörtert werden, und zwar lieber im Anschlufs an die Lektüre der Emilia Galotti als an die der hamburgischen Dramaturgie, weil die in diesen behandelten Dichtungen dem Schüler unbekannt seien. — *J. K.*

88. *Heidemann.* Über Lessing's Emilia Galotti. 21 S. 4°. Gymn. zu Saarburg. 438.

Die Abhandlung beschäftigt sich hauptsächlich mit der Frage, ob Emilia den Prinzen liebe oder nicht. Der Verf. findet, dafs keine Stelle des Stückes zur Annahme einer solchen Neigung zwinge, eine dramatische Schuld Emilia's aber doch in deren anfänglichem Mangel an Entschiedenheit vorliege, da sie die Bewerbungen des Prinzen mehr dulde als zurückweise, so dafs sie endlich zur That der Selbstvernichtung getrieben werde. Zum Schlufs wird dann versucht die Widersprüche des scheinbar schwankenden Charakters Odoardo's durch dessen aufbrausende Leidenschaftlichkeit erklärlich zu machen. — *J. K.*

89. *Ortmann, Alfred.* Über Lessing's Einflufs auf Schiller als Dramatiker. 21 S. 4°. Realsch. zu Neumünster. 248.

Die Abhandlung zerfällt in zwei Teile: der erste untersucht, inwiefern Schiller den Regeln Lessing's in dessen Dramaturgie gefolgt ist, und wo er sich von denselben entfernt hat. Der zweite Teil behandelt die direkte Einwirkung Lessing'scher Dramen auf Dichtungen Schiller's; hier stellt der Verf. Emilia Galotti und Fiesco einerseits, Nathan und Don Carlos andrerseits in Parallele. Einige ähnliche Züge sind allerdings in beiden Gruppen auffällig, doch dürfte nicht leicht zu entscheiden sein, wie weit absichtliche Nachahmung stattgefunden und wie weit die Natur des Gegenstandes hier mitgewirkt hat. — *J. K.*

90. *Schütte, W..* Friedrich der Grofse und Lessing. 36 S. 4°. Martins-Catharineum (Gymn.) zu Braunschweig. 598.

Verfasser schildert den Einflufs, welchen der Freisinn und die Heldenthaten Friedrich's auf Lessing's Gesinnung und schriftstellerische Thätigkeit, trotz der Grundverschiedenheit ihrer sonstigen Anschauungen und Geschmacksrichtungen, nachweislich geübt haben. *J. K.*

91. *Lindemann, Richard.* Herder und die Realschule unserer Zeit. 30 S. 4°. Realsch. II. O. zu Löbau i. S. 494. [Vollständig abgedruckt in dieser Zeitschrift (1882, VIII und IX). Red.]

92. *Thümen.* Die Iphigeniensage im antiken und modernen Gewande. 22 S. 4°. Gymn. zu Stralsund. 117.

Nach kurzer Besprechung der Dichtungen über die Sage von Iphigenie in Aulis wendet sich der Verfasser mit gröfserer Ausführlichkeit zur Fortsetzung der Sage. Hier werden die griechischen, die römischen und die französischen Bearbeitungen sämtlich erwähnt und behandelt. Zum Schlufs wird Goethe's Iphigenie mit ihnen verglichen und ihr der Preis vor allen zuerkannt. — *J. K.*

93. *Stier, Hermann.* Orest's Entsühnung im antiken Drama und bei Goethe. 26 S. 4°. Gymn. zu Wernigerode. 218.

Zum grofsen Teil begegnen wir hier denselben Betrachtungen wie in Thümen's Abhandlung; durch die Beschränkung des Themas aber gewinnt hier der Verf. Raum zur Vertiefung. Zuerst zeigt er, dafs Aeschylus es weniger auf Orest's Entsühnung als auf Versöhnung der Erinnyen abgesehen hat und Sophokles in der Elektra die Schwierigkeit umgeht, indem er mit der Ermordung der Klytaemnestra und des Aegisth schliefst. Anders stellt sich der skeptische Euripides zu dem Problem. Eine andere Sage benutzend, läfst er eine That von Orest fordern, welche die Schuld sühnen soll. Die Lösung ist dann ein Betrug, der, an einem Barbarenkönig geübt, wenngleich für uns verletzend, nach griechischer Auffassung nichts Schimpfliches hatte. Eine nach unserer Auffassung befriedigende Lösung führte erst Goethe in seiner Iphigenie herbei. — *J. K.*

94. *Niemeyer, Ernst.* Über Goethe's Stellung zur Tonkunst. 27 S. 4°. K. Gymn. zu Chemnitz. 461.

Es werden zunächst zwei Fragen geschieden: 1) In wie enge Beziehung ist Goethe zur Tonkunst getreten? 2) Wie tief ist er in das Verständnis derselben eingedrungen? Der Raumbeschränkung wegen ist aber nur die erstere hier behandelt. Verf. legt dabei Goethe's eigene Schriften und seinen Briefwechsel, hauptsächlich den mit Zelter, zugrunde. Nachdem er zunächst das Verhältnis besprochen hat, in welchem Goethe während seiner Jugend zur Musik stand, schildert er dessen Beziehungen zu Kayser und Reichardt sowie sein Interesse an der Oper zu Weimar. Dann erfahren wir einiges über Goethe's Hauskapelle und seine Freundschaft mit Zelter, desgleichen über seine Bekanntschaft mit einigen anderen Künstlern. Merkwürdig ist, dafs er Beethoven nie recht zu schätzen wufste, wogegen er Bach, Händel, Mozart und Haydn hoch verehrte. Hierauf wird uns sein Verhältnis zu Felix Mendelssohn-Bartholdy vorAugen geführt, und zum Schlufs nachgewiesen, wie im Alter seine Teilnahme an der Musik allmählich erlahmte, so dafs er sich zuletzt fast nur noch mit dem Geschichtlichen der Tonkunst beschäftigte. — *J. K.*

95. *Pielits.* Goethestudien. Programm des Gymn. zu Wittenberg. 219.

96. *Dreves, L.* Schiller's Lebensideal. 28 S. 4°. Gymn. zu Helmstedt. 600.

Vorzugsweise aufgrund der „Briefe über die ästhetische Erziehung des Menschen", der Abhandlungen „Über das Erhabene", „Über das Pathetische", „Über Anmut und Würde" und der philosophisch-lyrischen Dichtungen wird als Lebensideal Schiller's die Befreiung des Menschen hingestellt, welche in der harmonischen Begrenzung des „Stofftriebes" und des „Formentriebes" besteht. Dieses Ideal wird, abgesehen von der religiösen, moralischen und intellectuellen Bildung, namentlich durch die ästhetische Erziehung erreicht. Die ästhetische Erziehung darf jedoch nicht einseitig auf das Realschöne, sondern sie mufs auch auf das Erhabene gerichtet sein und vor allem hinstreben zu dem Idealschönen, welches die Erscheinung der höchsten Freiheit ist. Den edelsten Ausdruck finden die idealen Anschauungen Schiller's in dem Gedicht: „Das Ideal und das Leben". — *R. H.*

97. *Mayr, Ambros.* Die Häupter des schwäbischen Dichterbundes. I. Ludwig Uhland. 35 S. gr. 8°. Gymn. zu Komotau.

Nach einigen Bemerkungen über Schwaben und dessen Bewohner sowie über die schwäbische Dichterschule wird Uhland als Mensch und als Gelehrter charakterisiert und dann ebenso verständig wie eingehend dessen Bedeutung als Dichter gewürdigt, indem die verschiedenen Arten seiner Dichtungen nach ihren Eigentümlichkeiten und ihrem Werte der Reihe nach besprochen werden. Den Schlufs bilden Anmerkungen, in denen die Urteile des Verf. durch reichliche Litteraturnachweise begründet werden. — *Fschr.*

98. *Zeele, Andreas.* Anastasius Grün's „Schutt". 46 S. gr. 8°. K. K. Ober-Gymn. in Laibach.

Die Grundgedanken jeder der vier Liedercyklen sowie des ganzen Werkes werden entwickelt und daran Bemerkungen über Darstellungsweise und Stil, Metrum und Reim im „Schutt", über die erste Aufnahme dieses Werkes seitens der Kritik und über die Abweichungen des Textes der Gesamtausgabe von dem der ersten Ausgabe geknüpft. — *Fschr.*

99. *Grofs, Heinrich.* Deutschlands Dichterinnen und Schriftstellerinnen. Eine litterarhistorische Skizze. 91 und 94 S. gr. 8°. K. K. Gymn. in Triest. 1880 und 1881.

Die Einleitung sucht nachzuweisen, dafs die Frau befähigt und berechtigt sei schriftstellerisch hervorzutreten. Die Arbeit selbst umfafst folgende Teile: I. von Ava bis auf die Neuberin ca. 1100—1700. II. Die litterarischen Frauen des XVIII. Jahrhunderts. III. Die litterarischen Frauen des XIX. Jahrhunderts. Der II. und III. Teil sind in der Weise angeordnet, dafs jedesmal in dem ersten Abschnitt „Dramatische Dichterinnen" alle Frauen aufgezählt werden, welche sich auf dem Gebiete des Dramas versucht haben, auch wenn sie ihre poetische Thätigkeit in erster Reihe dem Epos oder der Lyrik zugewendet hatten; dann folgen 2. lyrische, 3. epische Dichterinnen. Den Beschlufs machen: 4. Denkwürdigkeiten und sonstige Prosa (mit Ausschlufs der wirtschaftlichen Schriften). Die Namen von etwa 800 deutschen Frauen, welche schriftstellerisch thätig waren, werden aufgeführt, meist mit kurzen biographischen Notizen, ihre Werke werden aufgezählt, und oft wird ein Urteil über den Wert ihrer Leistungen gegeben. Ohne auf absolute Vollständigkeit Anspruch zu machen, ist die aufserordentlich fleifsige Arbeit ein dankenswerter Beitrag für die Geschichte der deutschen Frauen. Erweitert ist sie als Buch bei Carl Gerold's Sohn in Wien erschienen. — *Fschr.*

100. *Wattendorf, Ludwig.* Die Balladen-Poesie Annettens von Droste-Hülfshoff nach Inhalt und Form. 23 S. 4°. Höh. Gewerbesch. zu Coblenz. 427.

Nach Ausscheidung einiger nicht eigentlich unter den Begriff der Ballade fallenden Gedichte aus den „Haidebildern" und den „Letzten Gaben" werden die übrig bleibenden 18 Balladen nach inhaltlichen wie formalen Gründen in 2 Klassen eingeteilt: 1. Geister- und Spukgeschichten der Heimat der Dichterin (8), 2. historische und sagenhafte Stoffe aus Heimat und Fremde oder aus dem Leben entlehnt (8), während 3. die beiden Gedichte besonders besprochen werden, die Stoffe aus dem Orient behandeln und nach Inhalt und Form eine nicht zu verkennende Sonderstellung einnehmen. Im ersten Teil der Abhandlung wird der Inhalt der Balladen kurz dargelegt und gezeigt, dafs dieselben sich sämtlich auf dem Gebiete des Düsteren und des Grauens bewegen. Sodann wird hinsichtlich der Form die Eigenart der Dichterin geschildert und schliefslich der den Balladen gemachte Vorwurf des Mangels einer durchgeführten Idee auf sein richtiges Mafs zurückgeführt. — *R. H.*

101. *Eberhardt.* Über die Kriegslieder aus der Zeit der Befreiungskriege 1813—15. und des deutsch-französischen Krieges 1870—71. (2. Teil). 21 S. 4°. Höh. Bürgersch. zu Strausberg. 98.

Dieser Teil der Abhandlung (der erste erschien 1879 im Programme derselben Anstalt) bespricht von den Dichtern der Freiheitskriege insbesondere Arndt, Körner, Schenkendorf und Rückert, deren Biographieen kurz mitgeteilt und deren Dichtungsart charakterisiert wird. Dann werden von den Liedern des Feldzugs von 1870—71 die beliebtesten citiert und ihrem Inhalte nach in Gruppen geteilt. Ebenso werden die wichtigsten Sammlungen derselben aufgeführt. — *J. K.*

102. *Tumlirz, C.* Tropen und Figuren. 39 S. 8°. K. K. Staatsgymn. in Smichow.

Eine für den Unterricht sehr geeignete, durch Klarheit und Präcision sowie durch zweckmäfsig ausgewählte Beispiele sich auszeichnende Arbeit. Weiter ausgeführt ist sie unter dem Titel: Tropen und Figuren nebst einer kurzgefafsten deutschen Metrik, 84 S. 8°, auch selbständig im Buchhandel, Prag 1881 bei Dominicus, erschienen und wegen ihrer Brauchbarkeit zum Unterricht sehr zu empfehlen. — *Peters.*

103. *Kark, J.* Abrifs der deutschen Metrik (für Schulen). 16 S. 4°. Friedrich-Wilhelms-Schule, Realsch. I. O., zu Stettin. 119.

Auf wissenschaftlicher Grundlage beruhend und bestimmt den Schülern der Tertien (im Realgymnasium) als Hilfsbuch beim Unterricht in der deutschen Metrik zu dienen. — *Fechr.*

104. *Dimter, A.* Die lyrisch-epische Dichtung in der deutschen Litteratur. 15. S. 8°. K. K. Staats-Realsch. in Teschen.

Wer sich über den Begriff und den Unterschied von Romanze und Ballade gründlich belehren will, versäume nicht das gehaltvolle Schriftchen zur Hand zu nehmen. Der Ursprung der Romanze ist in Spanien zu suchen. Die Vermischung der lingua romana rustica mit dem Westgotischen erzeugte die lingua romanza. Alsbald nannte man jedes in dieser Volkssprache verfaſste Gedicht „Romanze". Sie ist eine nicht sangbare, poetische Erzählung, welche einen idealen, oft ernsten, aber nie Schauder erregenden historischen Stoff in glänzender und ausführlicher Schilderung mit dem Zwecke behandelt, daſs dem Leser eine sittliche Idee vorgeführt wird, doch so, daſs die epische Handlung der lyrischen Stimmung vorsteht. Sie ist meist im iambischen oder iambisch-anapästischen Versmaſse geschrieben, und die Strophen zeichnen sich durch verschlungene Reimstellung aus. — Ballade ist nicht aus dem italienischen ballata herzuleiten, sondern kommt von dem altenglischen gwaellawd her, welches „Lied in der Volkssprache", „volkstümliches Lied" bedeutet, also etymologisch dasselbe wie die Romanze der Spanier. So verschieden aber der Volkscharakter der nordischen und südlichen Völker ist, so verschieden ist auch die Ballade von der Romanze. „Sie ist ein Lied, welches einen selten heiteren, meist ernsten, tragisch-düsteren, historischen Stoff in gedrängter Form bei rasch fortschreitender Handlung, wofür der dialogisch-dramatische Charakter sich besonders eignet, zur Anschauung bringt, wobei die lyrische Stimmung die epische überragt. Als die passendste äuſsere Form erscheint eine kurze Strophe, bestehend aus iambischen oder iambisch-anapästischen Versen". Eingewebt ist eine Geschichte beider Dichtungsarten, und schlieſslich werden deren Koryphäen einzeln des näheren charakterisiert. — *Peters.*

105. *Dolega.* Begriffsbestimmungen als Schüleraufsätze. 20 S. 4°. K. Gymn. zu Wongrowitz. 138.

Die Abhandlung geht von der Schwierigkeit aus den Schülern polnischer Nationalität die nötige Gewandtheit im Deutschen zu vermitteln. Für sie wie allgemein für die Obersekundaner empfehlen sich Begriffsbestimmungen als Themata. Wie die Lehre vom Begriffe der genannten Klasse in ihren wichtigsten Teilen verständlich gemacht werden kann, wird dann an einer eingehenden, hierauf bezüglichen Besprechung von Lessing's Abhandlung von dem Wesen der Fabel gezeigt. Der Anwendung der Methode desselben (Voranstellung der Induktion, Nachprüfung durch Deduktion) müsse zum Zwecke des Unterrichts der Vorzug vor andern eingeräumt werden. Zu Ausarbeitungen seitens der Schüler werden einzelne Themata aus der Poetik und Psychologie vorgeschlagen. Zum Schluſs finden sich einige Bemerkungen über brauchbare Dispositionsbücher. — *J. K.*

106. *Vigelius, W.* Aus dem deutschen Unterricht in Prima: Der Lehreraufsatz als positive Korrektur der Schüleraufsätze. 34 S. 4°. K. Friedrichs-Gymn. zu Frankfurt a. O. 62.

Verfasser sucht aus der Praxis nachzuweisen, welch heilsamen Einfluſs es auf den Lehrer sowie auf die Schüler und ihre Aufsätze hat, wenn der Lehrer die von ihm aufgegebenen deutschen Aufsätze selbst ausarbeitet und den Schülern als positive Korrektur vorträgt. Der Vorteil dieser Methode der Korrektur besteht einerseits in ihrem allgemeinen moralischen Einfluſs, andererseits in ihrer sachlichen Wirksamkeit für die Schüleraufsätze. Bei der häuslichen Korrektur verfährt der Verf. gleichfalls positiv, indem er nicht nur die Fehler anstreicht, sondern das Richtige an die Stelle setzt. — Auch über verschiedene Schwierigkeiten bei der Leitung der deutschen Aufsätze giebt Verf. eine Reihe praktischer Bemerkungen und Erörterungen. Zum Schluſs läſst er verschiedene Lehreraufsätze als Probe des von ihm beobachteten Verfahrens folgen. — *R. H.*

107. *Loeber.* Über den deutschen Unterricht auf Gymnasien. 23 S. 4°. Gymn. zu Dillenburg. 333.

Der deutsche mündliche und schriftliche Ausdruck ist nicht als die besondere Frucht der Thätigkeit des Lehrers im Deutschen anzusehen, vielmehr haben sämtliche Lehrer gleichmäſsig an ihm teil. Der Lehrer im Deutschen aber hat das besondere Ziel den Abiturienten auszurüsten mit einem sicheren Schatz aus unserer Litteratur sowie mit Kenntnis von dem Entwicklungsgange unserer Sprache. Allerdings reichen dazu die Stunden auf der obersten Gymnasialstufe nicht aus; annähernd jedoch läſst das Ziel sich erreichen, wenn schon der Lehrer der untersten Stufe dasselbe im Auge hat. Es ist deshalb ein Kanon der in den einzelnen Klassen zu erlernenden Gedichte aufzustellen, jeder grammatische Unterricht im Deutschen aus den untersten Klassen zu verbannen; nur Lesen und Erzählen des Gelesenen, Deklamieren von Gedichten und orthographische Übungen sollen den Unterrichtsstoff dort bilden. Daneben gilt es aber auch das Herz der jungen Menschen mit deutschem Denken und Fühlen zu erfüllen. Deshalb sind für die Lesebücher solche Stücke auszuwählen, welche Stoffe aus der nationalen Sage und Geschichte enthalten und von Verfassern herrühren, deren auf altdeutschem Sprachleben beruhender Stil etwas Natürlicheres hat als der an lateinischer Lektüre gebildete. — Einige Andeutungen über die Behandlung der Lesestücke schlieſsen die Abhandlung. — *Fuchs.*

108. *Decker, Richard.* Vita s. Willibrordi archiepiscopi Ultraiectensis a Thiofrido abbate Epternacensi versibus conscripta. Ex codice msc. bibliothecae Treverensis primum edidit. 26 S. 4°. K. Gymn. zu Trier. 399.

Thiofried's hexametrische Bearbeitung der vita s. Willibrordi, bisher unediert, ist erhalten in einem Codex der Trierer Bibliothek aus dem 13. Jahrhundert. Die Sprache und Darstellung des Abtes von Epernai, der neben Alcuin noch andere Quellen benutzt zu haben scheint, liest sich flieſsend und angenehm. Dem leichteren Verständnis kommt der Herausgeber durch die Erklärung ungewöhnlicher Wörter zu Hilfe. — *Peters.*

109. *Kiefer, Jos.* Ekkeharti IV. Sangallensis versus ad picturas domus domini Mogontinae. Aus dem Codex Sangallensis 393 mit Ekkehart's eigenen Glossen herausgegeben und erläutert. 22 S. 4⁰. Gymn. zu Mainz. 548.

Erzbischof Aribo von Mainz erteilte Ekkehart IV., Mönch von St. Gallen, der von 1022 an eine Zeit lang Domscholaster in Mainz war, den Auftrag erklärende Inschriften anzufertigen für die Bilder, mit welchen er das Innere des Mainzer Doms zu schmücken gedachte. Die Ausschmückung unterblieb infolge von Aribo's Tode, die Verse aber trug Ekkehart eigenhändig in den Pergamentcodex ein, welcher jetzt die Nummer 393 trägt. Es sind 827 leoninische Hexameter, deren Inhalt eine kurze Reproduktion des Alten und des Neuen Testamentes ist. Unter den von Ekkehart beigefügten Glossen befindet sich ein deutsches Wort „scrato" über incubitor v. 789. — *Peters.*

110. *Seiler.* Culturhistorisches aus dem Ruodlieb. 19 S. 4⁰. K. Progymn. zu Trarbach. 398.

Diese interessante Schrift bietet zum ersten Male eine zusammenfassende Darstellung der Realien im Ruodlieb. Wir empfangen daraus zugleich einen Einblick in das Treiben, Denken und Empfinden des XI. Jahrhunderts überhaupt, und für diese Zeit ist das Programm im kleinen das, was Alwin Schulz' Werk über das höfische Leben für die Zeit der Minnesinger ist. Der Inhalt des Programms ist übergegangen in Seiler's Ausgabe des Ruodlieb. Halle a. S. 1882. — *Peters.*

111. *Leist, O.* Der Anticlaudianus. (Fortsetzung der Abhandlung des Jahres 1879.) 24 S. 4⁰. Gymn. zu Seehausen i. d. Altm. 214.

Fortsetzung der Analyse des allegorischen Gedichts, beginnend mit v. 140 und sie weiterführend bis etwa zu v. 1500. Sklavische Nachahmung des Martianus Capella. Auftreten der Prudentia, der Ratio und der Concordia. Erstere wird als Gesandtin an Gott ausersehen, um Ihm ihre gemeinsame Bitte vorzulegen, dafs Er einen Menschen schaffe, der allein besitze, was jede von ihnen habe. Die Prudentia bedarf zu ihrer Fahrt eines Wagens, welchen alsbald sieben Jungfrauen, die Artes liberales, zimmern. Darauf spannt die Ratio fünf Pferde, die fünf Sinne, davor, die nach Anlage und Aussehen beschrieben werden. — *Peters.*

112. *Lange.* Die lateinischen Osterfeiern I. 35 S. 4⁰. Realsch. I. O. in Halberstadt. 223.

Die Frage nach dem Ursprung der Osterspiele hält Verf. auch durch Milchsack's Werk „Die Oster- und Passionsspiele I" für nicht gelöst. Er glaubt beweisen zu können, dafs die primitivste Form der Osterspiele sich aus dem gottesdienstlichen Ritus entwickelt hat. Die Begründung dieser Ansicht soll freilich erst ein zweiter Teil bringen. In dem vorliegenden ersten beschränkt sich Lange darauf eine Anzahl der vorhandenen Texte mitzuteilen in der Weise Milchsack's, dessen 28 Osterfeiern er um 15 vermehrt, von denen eine Halberstädter bis jetzt noch ungedruckt war, und sie in drei verschiedene Gruppen zu ordnen. Zum Schlufs wird das Mysterium von Tours noch einmal mitgeteilt, da in ihm die dramatische Osterfeier schon zu einem Osterschauspiel geworden ist. — *Peters.*

113. *Reichling, D.* Ausgewählte Gedichte von Johannes Murmellius. Urtext und metrische Übersetzung. Herausgegeben und mit Anmerkungen versehen. 87 S. 8°. K. Gymn. zu Heiligenstadt. 200.

Der Herausgeber, der schon früher ein Werk über Murmellius veröffentlicht hat (Johannes Murmellius. Sein Leben und seine Werke. Freiburg, Herder, 1880), bietet hier eine Answahl von 35 Gedichten des als Lehrer, Erklärer und Herausgeber altklassischer und christlicher Schriftsteller, als Verfasser zahlreicher Unterrichtsbücher bekannten Humanisten Murmellius (c. 1480 bis 1517). Die gegenüberstehende metrische Übersetzung rührt von Prof. Schlüter in Münster her. Das Metrum ist meist das elegische, doch kommen auch Gedichte im sapphischen, asklepiadeischen und in anderen Metren vor. — *Peters.*

114. *Brunelli, Vitaliano.* Philippi de Diversis de Quartigianis Lucensis, artium doctoris eximij et oratoris — Situs aedificiorum, politiae et laudabilium consuetudinum inclytae civitatis Ragusij ad ipsius senatum descriptio incipit. (Fortsetzung.) 46 S. 8°. Staatsgymn. zu Zara.

E. Lateinisch und Griechisch.
(Litteratur, Altertumskunde, Grammatik.)

115. *C. Th. Ullmann.* Proprietates sermonis Aeschylei quatenus in diverbio perspectae sunt. I. 34 S. 4°. Gymn. in Baden. 520.

Die Untersuchungen behandeln eine Anzahl Eigentümlichkeiten des Consonantismus und Vocalismus sowie der Deklinationen im Aeschyleischen Sprachgebrauch. Zum Vergleich sind Sophokles, Euripides und Aristophanes gebührend herangezogen. — *Peters.*

116. *Čwrček a, Bruno.* Apollonius von Tyana. 61 S. 8°. Stifts-Obergymn. in Braunau (Böhmen).

Um das Christentum zu bekämpfen und Christus durch einen heidnischen Philosophen in den Schatten zu stellen, verfaſste auf Veranlassung der Kaiserin Julia Domna, Gemahlin des Septimius Severus (193—211), Flavius Philostratus eine Biographie des Neupythagoreers Apollonius aus Tyana in Cappadocien. Der Inhalt dieses Werkes wird ausführlich mitgeteilt (S. 5—50); daran schlieſst sich eine Kritik desselben mit Rücksicht darauf, ob die Schrift geeignet war ihrem Zweck zu entsprechen. Die Frage muſs zumteil bejaht werden. Zum Schluſs wird noch auf Wieland's Agathodämon eingegangen. — *Peters.*

117. *Deiters, H.* Studien zu den griechischen Musikern. Über das Verhältnis des Martianus Capella zu Aristides Quintilianus. 28 S. 4°. K. Marien-Gymn. in Posen. 131.

Daſs Martianus Capella im 9. Buche seines Werkes de Nuptiis Philologiae et Mercurii den gröſsten Teil der dort behandelten Theorie der Musik aus Aristides Quintilianus übersetzt hat, hat Meibom, der Herausgeber des Aristides, zuerst erkannt. Doch hat er nicht genau die Stellen, welche aus Aristides stammen, von denen geschieden, an welchen Martianus noch anderen Quellen folgt. Verf. unternimmt diese Scheidung, und vorliegende Abhandlung enthält daher die Ergebnisse seiner vergleichenden Betrachtung. — *Peters.*

118. *Lukas, Georg.* Das häusliche Leben in Athen zu den Zeiten des Aristophanes, auf Grund der in den Komödien des Dichters gegebenen Andeutungen. I. Abteilung. 36 S. 8°. K. K. Staats-Gymn. in Graz 1878; II. Abteilung. 43 S. 8°. Staatsgymn. in Weidenau. 1881.

Ein sehr wertvoller Beitrag zu den attischen Privataltertümern, dessen Lektüre nicht genug empfohlen werden kann. — *Peters.*

119. *Kau, Franz.* De Aristophanis versibus Equitum 505 et 506 non reiciendis. 4 S. 4°. Progymn. zu Jülich. 385.

G. Hermann und ihm folgend Kock, Ribbeck und v. Velsen haben die Verse 505 und 506 in den „Rittern" für untergeschoben erklärt. Kau zeigt, dafs die Überlieferung nicht den geringsten Anlafs zur Streichung der Verse bietet, und dafs sie einen guten Sinn geben; sie beziehen sich nicht auf alle Zuschauer, sondern nur auf die im Theater anwesenden Dichter. — Eine Besprechung hat die Abhandlung erfahren von E. Ziegler in der Philol. Rundschau 1882 No. 24 p. 743ff.; er hält die Verse, gleichfalls für echt, gibt aber eine andere Erklärung. — *Sch.*

120. *Grimm, A. H.* Anapaestos eos, qui sunt in Vespis Aristophanis inde ab v. 1015 usque ad v. 1050, enarravit. 18 S. 4°. Gymn. Fridericianum zu Schwerin. 563.

Nachdem der Verfasser den Inhalt der Parabase angegeben, bespricht er die einzelnen Verse von 1015—50 aufs genaueste inbezug auf Inhalt und Sprache. In der Konstituierung des Textes folgt er meistens Meineke und Bergk, in sachlichen Bemerkungen schliefst er sich oft an seinen Lehrer Fr. V. Fritzsch an, dem die Abhandlung gewidmet ist. — *Sch.*

121. *Bünger, G.* Aristophanis Ranarum apud Suidam reliquias collegit et disposuit. 24 S. 4°. Gymn. zu Freiburg i. B. 522.

Eine Zusammenstellung der bei Suidas sich findenden Citate aus den „Fröschen" des Aristophanes nebst den dazu gehörigen Scholien. Absicht des Verf. ist, nachdem er diese Arbeit über alle Komödien des Dichters angestellt hat, zu zeigen, was aus Suidas für die Textrekonstruktion zu gewinnen sei. — *Peters.*

122. *Richter, Rich.* Catulliana. 26 S. 4°. K. Gymn. zu Leipzig. 470.

Von der auffälligen Erscheinung ausgehend, dafs schon im Archetypus aller Catullhandschriften sich hinter c. XIV ein Bruchstück findet, das seit Pleitner und Klotz von vielen Editoren mit dem Bruchstück IIb zu einem Widmungsgedicht an das Publikum vereinigt worden ist, erklärt der Verf., dafs diese verführerische Hypothese aufgegeben werden mufs, knüpft aber seinerseits daran eine ganze Reihe von Hypothesen. Der erste Cyklus (1—14) enthalte die tiefst empfundenen Lieder Catull's, XIVb sei der Rest eines Widmungsgedichtes, 15—36 umfasse erotische Gedichte, 51—60 eine Nachlese minderwertiger, deren Rücken durch das schöne Hochzeitslied des Torquatus (c. 61) Deckung hat. Erwähnt sei noch, dafs auf p. 18 und 19 sich sehr lesbare Umdichtungen folgender Lieder finden: c. 8, c. 27, c. 31 und c. 50. — *Sch.*

123. *Harnecker, O.* Catull's carm. LXVIII. 14 S. 4°. Gymn. zu Friedeberg N. M. 64.

Bevor der Verf. zu dem Versuche schreitet die Einheit des Gedichtes durch eine genaue Betrachtung des Inhalts zu erweisen, erledigt er zwei Vorfragen: 1) Welches Unglück hat Allius betroffen? und 2) Was sind die munera et Musarum et Veneris (V. 10), um die der Unglückliche bittet? In der Streitfrage selbst legt er den Zusammenhang zwischen Vers 40 und 41 dar und schlägt vor, die Verse 43—50 in folgender Ordnung zu lesen: 45, 46, 43, 44, 49, 50, 47, 48. Was er noch weiter vorbringt, um die Grundlosigkeit der Zerschneidung der Elegie zu beweisen, wird meistens zu billigen sein. Was er aber über die Fabel des an Allius gerichteten Gedichtes wie über die Bedeutung des c. 68 für die chronologische Aufeinanderfolge der Catullischen Gedichte anführt, wird wenig Anklang finden. — *Sch.*

124. *Baumann, F.* De arte metrica Catulli. 22 S. 4°. Gymn. und Realsch. zu Landsberg a. W. 68.

Verfasser, der sich der von A. Kirchhoff in seinen Vorlesungen befolgten Theorie anschliefst, teilt seine lehrreiche Abhandlung in zwei Hauptabschnitte: 1) de metris und 2) de rebus, quae ad prosodiam pertinent. In den fünf capita des ersten Teiles werden alle von Catull angewendete Metra genau behandelt. Der zweite Hauptteil zerfällt in zwei capita. Im ersten kommt Verf. auf die Genetivformen auf ius und zeigt, dafs c. 67, 23 illīus verdächtig sei, da wir 7 Mal bei Catull die Messung illῐus haben. Cap. II, das über Hiatus und Elision handelt, gibt sehr genaue Zusammenstellungen aller inbetracht kommenden Erscheinungen. — *Sch.*

125. *Walter, Josef.* M. Tullii Ciceronis philosophiae moralis Pars altera. Sectio III. Tullii ipsius, quam maxime poterat, verbis ad viam quandam et rationem revocabat. 27 S. 8°. K. K. Staats-Ob.-Gymn. in Mies.

Der erste Teil der Arbeit (Natura duce quomodo homo ad summum bonorum fiuem ascendit) ist schon 1878 erschienen (Prag bei Mercy), enthielt aber ein gut Teil mehr, als der Titel versprach. Der zweite Teil folgte in den Programmen des Mieser Gymn. von 1879—82, und seine Fortsetzung ist beabsichtigt. Seine erste Unterabteilung handelte von der sapientia, die nächste von der institia und ihrer ersten Anwendung, erga deos, der religio. Der Gegenstand des vorliegenden Abschnitts ist die pietas: secunda patriae officia debentur. Wie in den voraufgehenden Abhandlungen ist möglichst gesorgt, ut sententia sententiam ipsius Ciceronis verbis excipiat. Da aber diesmal auch die Reden haben herangezogen werden müssen, so hat bei der Darstellung ein Wechsel der Farbe nicht wohl vermieden werden können. — *Burchardt.*

126. *Wrumpelmeyer.* Cod. Helmstad. n. 304 primum ad complures, quas continet, Ciceronis orationes collatus. Pars VI. Addita sunt complura de cod. Cic. epist. ad famil. adhuc incognito. 46 S. 4°. Gymn. zu Clausthal. 257.

Der Verf. (vergl. desselben Dissertation von 1872 und das Progr. des

Gymn. zu Clausthal von 1880) gibt eine Collation des cod. Helmstad. für die
Reden pro Cluentio, pro Sulla, pro Flacco, pro Plancio, in Catilinam, Philippicarum I. —

Es folgt die Collation einer vom Verf. in Hannover aufgefundenen und
gekauften Handschrift (saec. XV) von 58 epistolae ad familiares, aus lib.
I—VII ausgewählt und in eigentümlicher Reihenfolge geordnet. — Den
Schlufs bilden Untersuchungen über die handschriftliche Überlieferung der
Rede pro rege Deiotaro, der declamationes und der Rede pro Cluentio. —
Harder.

127. *Schäfer.* Ciceronis de legibus libri 1 cap. 21 et 22 interpretatio. 13 S. 4º.
K. Kronprinz-Friedrich-Wilhelms-Progymn. zu St Wendel. 400.

Verf. schliefst sich in der Textesconstituierung ganz an Vahlen an; nur
einmal weicht er ab: c. 21, 56 Zeile 12 und 13 (V.) will er die Worte quod
inter haec velit virtute tamquam lege vivere tilgen, welche „prorsus nullum
sensum praebent" (!). Einige Zeilen vorher findet sich eine falsche Angabe
der handschriftlichen Lesung. Auch cod. A hat apta mit einem durchstrichenen p, welches = aperta des B ist. Der Kommentar bietet eine fleifsige
Zusammenstellung. — *Sch.*

128. *Schmalz, J. H.* Über die Latinität des P. Vatinius in den bei Cicero ad
fam. V. 9 und 10 erhaltenen Briefen. 22 S. 4º. Gymn. zu Mannheim. 526.

Verfasser, der schon eine ähnliche Arbeit über die Latinität des Serv.
Sulpicius Rufus, M. Marcellus, Cn. Dolabella und M. Curius veröffentlicht
hat (Z. f. G. 1881), analysiert hier die epistolare Hinterlassenschaft des berüchtigten Tribunen P. Vatinius. Zunächst druckt er noch einmal den kritisch behandelten Text der Briefe desselben ab und stellt zusammen, was über das
Leben des Vatinius bekannt ist. Dann gibt er eine Charakteristik von
dessen Diction und bespricht seine sprachlichen Eigentümlichkeiten auf dem
Gebiete der Formenlehre und der Syntax, endlich die Eigenheiten im Gebrauche einzelner Wörter und ganzer Phrasen. — *Peters.*

129. *Schüssler, Otto.* Zur Lehre von den Praepositionen bei Cicero. II (in c.
acc.) 20 S. 4º. Kaiser-Wilhelms-Gymn. zu Hannover. 264.

Nach einer lehrreichen Erörterung über die Bedeutung der einzelnen
Praepositionen wird auf die Bedeutsamkeit derselben in der Verbalkomposition hingewiesen und dieselbe an den mit in zusammengesetzten Verben
dargelegt, welche bei Cicero teils ausschliefslich mit in c. acc. verbunden
werden, teils andere Verbindungen zulassen. In den Grammatiken herrscht
darüber noch grofse Unklarheit, vorliegende Arbeit aber belehrt darüber aufs
gründlichste. — *Peters.*

130. *Stamm.* Adnotationes grammaticae et criticae ad M. Tullii de divinatione libros. 10 S. 4º. Gymn. zu Rössel. 10.

Verbesserungsvorschläge zu etwa 25 Stellen in Cicero's Schrift de divinatione. — *Peters.*

131. *Lentz, H.* Der Epitaphios pseudepigraphus des Demosthenes. II. Hälfte. 49 S. 4°. Wolffenbüttel. 602.

Kritisch-exegetischer, grammatischer und historischer Kommentar zu dieser Rede. Der Verf. geht grofsenteils selbständig zu Werke, zumal nur sehr wenige vor ihm sich mit der Sach- und Worterklärung gerade dieser Rede befafst haben. Zugleich wird hingewiesen auf die Ähnlichkeit des Epitaphios mit dem Platonischen Menexenos. — Durchweg ist mit Gelehrsamkeit und Scharfsinn verfahren. — *Vollert.*

132. *Held.* Die Rede des Demosthenes περὶ παραπρεσβείας. 18 S. 4°. Gymn. zu Lemgo. 612.

Die Rede ist vielfach Gegenstand der Untersuchung gewesen und hat sehr verschiedene Beurteilung gefunden. Verf. schliefst sich der Ansicht, derjenigen an, welche die Rede als wirklich von Demosthenes gehalten betrachten; doch ergibt sich aus der Gegenrede des Aeschines, dafs sie nicht ganz in der ursprünglichen Gestalt uns vorliegt, sondern kleine Veränderungen von Demosthenes selbst bei der Herausgabe vorgenommen worden seien. Die Disposition der Rede ist ein Meisterwerk oratorischer Kunst, wenn man mit Gilbert die §§ 201—236 und 329—340 als Interpolationen ausscheidet. — *Peters.*

133. *Stier.* Zum Gebrauch des Infinitiv mit Artikel bei Demosthenes. 33 S. 4°. K. Gymn. in Rottweil. 513.

Die Arbeit ist ein Beitrag zur Kenntnis der Art, wie Demosthenes den Infinitiv mit dem Artikel gebraucht. In dieser Hinsicht ist Vollständigkeit der Citierung angestrebt. Zugrunde gelegt ist vornehmlich die Krüger'sche Grammatik. — *Peters.*

134. *Looff, Leonhard.* Der Prozefs des Ktesiphon. 15 S. 4°. Gymn. zu Quedlinburg. 209.

Verf. beginnt mit genauer Bestimmung der Zeit des Prozesses und sucht die Verschiebung desselben zu erklären. Dann folgt die Inhaltsangabe der Reden des Aeschines und Demosthenes. Es wird hervorgehoben, dafs Aeschines eine Rede nach dem Prozesse überarbeitet und den Entwurf einer Anklagerede gegen Demosthenes schon 336 verfafst hat. Inbezug auf die Demosthenische Kranzrede folgt der Verf. der Ansicht Kirchhoff's, modifiziert sie aber in einzelnen Teilen nach Blafs. Zum Schlusse wird die Schwäche der Punkte, auf welche Aeschines seine Klage gründet, nachgewiesen. — *Vollert.*

135. *Klimke.* Diodorus Siculus und die römische Annalistik I und II. 32 S. 4°. Gymn. zu Königshütte. 161.

Im ersten Teile wendet der Verf. sich in etwas scharfen Ausdrücken gegen die Art, wie Mommsen in den „röm. Forsch." den Diodor behandelt, und spricht dabei ausführlich über das zweite Decemvirat, den gallischen Brand und die Schlacht an der Cremera. Im zweiten Teile sucht der Verf. nachzuweisen, dafs eine Benutzung des Fabius sich nicht beweisen lasse, dafs dem vielmehr gewichtige Bedenken entgegenständen. Der Druck des Griechischen läfst viel zu wünschen übrig. — *Harder.*

136. *Holzer.* Matris, ein Beitrag zur Quellenkritik Diodor's. 26 S. 4°. K. Gymn. in Tübingen, 515.

Verf. unternimmt zu zeigen, daſs das bei Athenaeus X. p. 412, 13, citierte ἐγκώμιον Ἡρακλέως des Matris die Hauptquelle Diodor's in der Geschichte des Herakles IV, 8 ff sei: Eine Betrachtung von Cap. 8 lehre, daſs mit ihm eine neue, und zwar rhetorische Quelle beginne. Auch den folgenden Capp. sei die rhetorisierende, panegyrische Darstellung eigentümlich. Aus der Kombination dieser Beobachtung mit Diod. 1, 24 ergebe sich, daſs der Rhethor Matris die benutzte Quelle sei. Über den Umfang der Benutzung aber und über des Matris Zeitalter lassen sich nur Hypothesen aufstellen. — *Peters.*

137. *Uhlig, G.* Appendix Artis Dionysii Thracis ab G. Uhligio recensitae. XIV u. 36 S. Gymn. zu Heidelberg. 523.

In diesem Appendix zur Ars des Dionysius Thrax, mit dessen Edition er beschäftigt ist, will Verf. zeigen, durch welche Stufen der Veränderung die grammatischen Lehren des Dionysius zu denjenigen gelangt sind, welche im 15. und 16. Jahrhundert im Occident die Kenntnis des Griechischen erneuerten, und dann, wie viel auch die lateinischen Grammatiker aus Dionysius geschöpft haben, und wie weit ein jeder sich von ihm entfernte. Die Tafeln erklären dies. Im ersten Jahrh. nach Chr. muſs ein Grammatiker die ganze Ars des Dionysius frei bearbeitet haben, und dieser ist dann die Quelle der meisten späteren lateinischen Grammatiker geworden, wie Verf. ein ander Mal beweisen wird. — *Peters.*

138. *Endemann, Karl.* Beiträge zur Kritik des Ephorus. 25 S. 4°. Gymn. zu Coburg. 603.

Um ein Urteil über die Methode des Ephorus zu gewinnen, stellt der Verf. in Abschnitt I das Verhältnis des Ephorus zu Thukydides dar und kommt zu dem Schlusse, daſs Ephorus, wo er Zusätze oder sonstige Abweichungen von diesem bietet, verleitet durch ein gewisses Streben nach effektvoller, interessanter Schilderung, entweder Quellen zweifelhaften Wertes oder eigene Kombination zu Hilfe genommen habe. —

Im Abschnitt II wird dargethan, daſs Ephorus, als Kind seiner Zeit und speziell als Schüler des Isokrates, durch übergroſses Streben nach rationalistischer und pragmatischer Darstellung die ganze ältere Geschichte entstellt habe. Eine Besprechung der sehr übersichtlichen und klaren Arbeit findet sich in der philologischen Rundschau von 1882 No. 13. — *Harder.*

139. *Gloerr, R.* Quaestiones criticae in Euripidis Electram. 8 S. 4°. Groſsherz. Realsch. zu Groſs-Umstadt. 559.

Der Verf. spricht im allgemeinen über euripideische Monodien und dann speziell über die in der Elektra v. 112—166 enthaltene. Es folgen Bemerkungen über v. 168 und 191. Eine Besprechung der Arbeit (von Gloël) steht in der philol. Rundschau von 1881, No. 40. — *Harder.*

140. *Faust.* Studien zu Euripides. 31 S. 4°. Realprogymn. zu Altkirch. 444.

Ein sorgsamer Versuch an einer Anzahl schwieriger Stellen den ursprünglichen Text wiederherzustellen. — *Peters.*

141. *Thome*. De Flori rerum scriptoris elocutione. Particula I. 22 S. 4°. Städt. kath. Progymn. zu Frankenstein i. Schl. 152.

Verf. trägt zusammen, was er als dem Sprachgebrauche des Florus eigentümlich ansieht. Er behandelt im ersten Teile die Redeteile, im zweiten den einfachen Satz: die Congruenz des Prädikates mit dem Subjekt, die Ellipse des Prädikats, die Tempora und Modi, die Eigentümlichkeiten im Gebrauch der Casus und der Präpositionen, endlich das attributiv gebrauchte Substantivum. — *Peters*.

142. *Jungmann*. Quaestiones Gennadianae. 25 S. 4°. Thomasschule in Leipzig. 469.

Verf. bespricht zuerst die Handschriftsverhältnisse des Gennadius und weist dann nach, dafs sicher mehrere Vitae in das Werk des Gennadius eingeschoben seien, ein Ausfall echter aber sich nicht beweisen lasse. Am Schlusse ist ein bisher ungedrucktes Stück de fide aus einer Münchener Handschrift (14461) veröffentlicht. (Vergl. auch Huemer in der philol. Rundschau 1881, 20). — *Harder*.

143. *Pochop, S.* Über die poetische Diktion des Hesiod. 18 S. 8°. K. K. Gymn. in Mähr. Weifskirchen. 1880/81.

Eine Aufzählung der in Hesiod vorhandenen Tropen und Figuren, teilweise unter Vergleichung mit den entsprechenden homerischen. — *Borchardt*.

144. *Lentz, Ernst.* De versibus apud Homerum perperam iteratis. 32 S. 4°. Gymn. zu Bartenstein. 1.

Ungehörige Wiederholungen sind nach der Ansicht des Verf. entweder durch Nachlässigkeit der Rhapsoden in den Text gekommen, indem sie zu passenden nicht mehr passende Verse einschoben, bei gewissen Formeln die durch die Situation gebotenen Änderungen nicht beachteten, und drittens bei Botschaften und Reden, oder es wurden mit Absicht Gleichnisse eingeschoben, Verse, durch welche die Aufmerksamkeit der Zuhörer erregt oder der Inhalt des folgenden kurz angegeben werden sollte, und Zusätze, durch welche man der Konstruktion nachhelfen, die Darstellung verschönern oder Übergänge zwischen Echtem und Unechtem herstellen wollte, etc. — *Harder*.

145. *Schmidt, C. Eduard.* Beiträge zum Parallel-Homer (Homerische Iterati in lexikalischer Anordnung). 19 S. 4°. Progymn. zu Lötzen. 6.

In alphabetischer Anordnung sind diejenigen wiederkehrenden Versgruppen, ganzen Verse und Versstücke zusammengestellt, welche sich aus der Benutzung des Seber'schen Index bis S. 25 ergeben, von den Versstücken jedoch aus Raummangel nur die mit A beginnenden. Schon durch die mitgeteilten Iterati büfsen die homerischen Gedichte an 1400 Verse ein. — *Peters*.

146. *Anton*. Etymologische Erklärung Homerischer Wörter (Fortsetzung). Gymn. zu Naumburg. 205.

147. *Lazarewicz.* Flores Homerici sive loci memoriales ex Homeri carminibus selecti cum brevi commentario et appendice. XII und 104 S. 8°. K. Gymn. zu Culm. 18.

Das Werk ist aus dem Unterricht hervorgegangen und soll demselben dienen. Homer soll von der Jugend möglichst auswendig gelernt werden, doch wünscht Verf., dafs nicht irgend welche 100—200 auf einander folgende Verse, sondern nur die schönsten Stellen gelernt werden. Eine Sammlung solcher bietet Verf. und empfiehlt sie in einer warm geschriebenen laus Homeri. Der Kommentar dazu ist dadurch interessant, dafs er die Imitationen Homer's bei Griechen und Römern verzeichnet. Ein Appendix enthält die homerischen Anredeformeln, die Epitheta der Götter und Helden, die wiederholt vorkommenden Verse, die onomatopoetischen und gereimten Verse, Beispiele der Epanalepsis und Apostrophe. — *Peters.*

148. *Lörner, H.* Die Herolde in den Homerischen Gesängen. 25 S. 8°. K. K. Staats-Ober-Gymn. zu Eger.

Nach Angabe der benutzten Litteratur und Erledigung einiger Vorfragen schildert Verf. die Homerischen Herolde zunächst nach ihrer öffentlichen Thätigkeit und ihrer Stellung im heroischen Zeitalter und dann nach ihrer privaten Thätigkeit. Der dritte Abschnitt handelt von den Namen, der vierte von den Epithetis der Herolde. — *Peters.*

149. *Egerer, P. Gislar.* Die Homerische Gastfreundschaft. 27 S. 8°. Fürsterzb. Privat-Gymn.-Collegium Borromäum in Salzburg.

Die sehr gediegene und gehaltvolle Abhandlung geht von dem völkerrechtlichen Standpunkte aus und erweist, dafs in dieser Beziehung von einem eigentlichen Gastrecht bei den homerischen Griechen noch keine Rede war. Wohl aber bestand die von Zeus beschützte natürliche Gastfreundschaft, und einzelne Beispiele von Verletzung des Gastrechtes, die sich bei Homer finden, bezeugen die Existenz eines solchen Rechtes; denn ein übertretenes Gesetz bedingt ein existierendes. Nach dieser Einleitung teilt der Verf. seine Arbeit in drei Abschnitte: im ersten betrachtet er den Fremdling als Schutzflehenden, im zweiten den Gast im engeren Sinne, im dritten den Bettler. — *Peters.*

150. *Bänitz.* Bemerkungen zum ersten und zweiten Buche der Ilias. 30 S. 4°. K. Gymn. zu Inowrazlaw. 124.

Verf. gibt eine kritische Zergliederung der beiden ersten Bücher der Ilias. I. 348—429: „Klage des Achill an Thetis" und 493 bis zum Schlufs: „Scene im Olymp", rühren nach ihm von verschiedenen Dichtern her. Die ganze Rede des Agamemnon in der Agora, II, 87—210 hält er für ernst gemeint. Von dem Kataloge erklärt er den Teil, welcher die Achäer als auf dem Meere befindlich schildert, für ursprünglich, diejenigen Stücke aber, welche sie als zur Schlacht geschart darstellen, für jüngere Zusätze. — *Peters.*

151. *Häsecke.* Die Entstehung des ersten Buches der Ilias. Gymn. zu Rinteln. 341.

152. *Siegfried, R*, Ad compositionem librorum Iliadis XVIII ad XXII. 16 S. 4°. Gymn. zu Fürstenwalde. 65.

Der Verf. sucht das Urteil Lachmann's über den poetischen Unwert des 16. Liedes, d. h. Buch 18—22 der Ilias, durch die Annahme mehrerer Interpolationen zu mildern, nimmt aber gleich ihm einen von dem Verfasser der vorausgehenden Patrokleia verschiedenen Dichter an. Indem er dann das 21. Buch als ein kleineres Ganzes für sich betrachtet, scheidet er aus demselben, abgesehen von einigen einzelnen unechten Versen, zwei gröfsere Einschiebsel, V. 139—212 und 383—514, aus. Der letzte Teil der Abhandlung ist der Verteidigung des dazwischen liegenden, von verschiedenen Seiten verdächtigten Abschnittes gewidmet. — *Bolte*.

153. *Ranke, Fritz*. Homerische Untersuchungen; 1: Die Doloneia 72 S. 8°. Realsch. zu Goslar. 277.

Nach Besprechung der Litteratur der Doloneia bis 1876 behandelt R. eingehend die Frage nach dem Verhältnis dieses Gedichts zu Θ, I und Λ der Ilias sowie nach seinem künstlerischen Werte und kommt zu dem Ergebnis, dafs K in keiner Beziehung zu Λ, in geringer zu I steht, aber mitbezug auf Θ gedichtet sei; ferner dafs es, neben dem Vorzuge grofser dramatischer Lebendigkeit und geschickter Ausmalung von Kontrasten, an mannigfachen Fehlern der Darstellung, Effekthascherei, Oberflächlichkeit, Ungenauigkeiten leidet und dem Charakter eines homerischen Gedichts — abgesehen von der entlehnten Redeweise — wenig gerecht wird, also auch auf den Titel eines echten Kunstwerks kein ausreichendes Recht hat. Spuren späterer Umarbeitung seien nicht nachzuweisen: das Ganze trage gleiches Gepräge. — *Schultze*.

154. *Stöpler, H.* Zur Erklärung des Homer und Horaz. 20 S. 4°. Ludwig-Georgs-Gymn. zu Darmstadt. 545.

Der erste auf Homer bezügliche Teil ist eine Abhandlung über den Traum. Verf. versucht aufgrund sprachlicher Beobachtungen die Ungleichartigkeit der Anschauungen von den Träumen, welche uns in den verschiedenen Teilen der homerischen Gedichte entgegentritt, zu erklären. — Über den zweiten Teil vgl. No. 160. — *Peters*.

155. *Boldt, G.* Der Genetivus Singularis der O-Deklination bei Homer. 16 S. 4°. Grofsh. Progymn. zu Tauberbischofsheim. 536.

Gegen Buttmann, Ahrens, Curtius und L. Meyer erweist Verf. mit überzeugenden Gründen, dafs der Gen. Sing. bei Homer nur in οιο oder ου ausgelautet hat. Aber auch Hartel's Ansicht, welcher οιο mit kurzem ι liest, widerlegt der Verf., und die von Leskien berichtigt er dahin, dafs οιο, wenn es auch der Zeit nach die ältere Form ist, zur Zeit der Entstehung der älteren Gedichte neben ου in gleichberechtigtem Gebrauch war, so dafs dem Dichter beide Formen zugebote standen. — *Peters*.

156. *Goecke, Wilh.* Der Gebrauch des Konjunktiv und Optativ bei Homer. 24 S. 4°. Progymn. in Malmedy. 388.

Eine fleifsige und, wie es scheint, vollständige Aufzählung derjenigen Stellen, an denen bei Homer die beiden Modi vorkommen, geordnet nach den in den Grammatiken üblichen Unterabteilungen. Interessant ist u. a. das Ergebnis, daſs der Konjunktiv (mit und ohne ἄν und κέν) in unabhängigen und häufig auch in abhängigen Sätzen durchaus wie das Futurum gebraucht wird. — *Pieper*.

157. *Burckardi, K.* Über den Gebrauch des Pronomen οἷος bei Homer, 16 S. 4⁰. K. Höh. Bürgersch. zu Duderstadt. 286.

Nach des Verf. Ansicht braucht Homer οἷος manchmal in exclamativem Sinne, dann aber auch als Relativum, und dies beruhe auf dessen ursprünglich demonstrativer Bedeutung. Darauf hin werden die einzelnen Stellen betrachtet und zumteil besprochen. — *Pieper*.

158. *Francke, Kuno.* De hymni in Cererem Homerici compositione dictione aetate. 28 S. 4⁰. Gymn. zu Kiel. 239.

Der Verf. gibt eine Metaphrase des Hymnus und sucht gegen Wegener, Preller, G. Hermann und Bücheler nachzuweisen, daſs die Komposition fehlerfrei und tadellos sei. Zu diesem Zweck gibt er zunächst ein ausgeführten Bild der Diktion, bespricht alsdann die metrischen Verhältnisse und weist zum Schluſs die Ansicht zurück, daſs das Gedicht Atticismen enthalte. Über die Zeit spricht der Verf. nur kurz; er glaubt, der Hymnus sei nach Hesiod, aber vor Solon verfaſst. — *Harder*.

159. *Adam, E.* Über die 28. Ode im ersten Buche des Horaz. 17 S. 4⁰, Gymn. zu Patschkau. 171.

Die viel besprochene Archytas-Ode ist nach Adam's Ansichten weder ein Dialog, noch ein Monolog, sondern Horaz selbst spricht vom Anfange bis zu Ende allein und ohne sich als Toten zu fingieren. Er will sein Heimatland Apulien verherrlichen. Einen bequemen Anlaſs dazu bot ihm die Lokalsage, nach welcher der hochberühmte Archytas am Matinischen Gestade angekommen und nicht einmal einer Bestattung teilhaftig geworden war Den Wunsch den Ort hervorzuheben kleidet er in die Form der Aufforderung: „Erweist dem dort unbegrabenen Archytas die letzte Ehre!" Ein solches Thema war gerade damals zeitgemäſs: der Neupythagoreismus hatte so groſse Ausbreitung gewonnen, daſs zahlreiche pseudopythagoreische Schriften entstanden und selbst Augustus sich dafür interessierte. Die Ode selbst besteht aus drei Teilen. Die Einleitung umfaſst drei Distichen, V. 1—6; es folgen zwei fast gleiche Hauptteile, deren erster aus acht (V. 7—20) und deren zweiter aus sieben Distichen (V. 21—30) besteht. — *Sch.*

160. *Stöpler, H.* Zur Erklärung des Homer und Horaz. 20 S. 4⁰. Ludwig-Georgs-Gymn. zu Darmstadt. 545.

Über den ersten Teil vgl. No. 154. Der zweite Teil handelt von Horaz und gibt 1) eine neue Entwickelung des Gedankenganges in Carm. I, 1; 2) eine Erklärung von Carm. III, 8, 1—5; 3) eine Erklärung von Carm. I, 7 und 4) eine Betrachtung der Parallele, welche Horaz zwischen dem Exile, dem politischen Tode und dem Tode (als ewigem Exile) in Carm. IV, 7, 21—24 sieht. — *Peters*.

161. *Gumpert, F.* Beiträge zur Kritik und Erklärung von Horat. Sat. I, 9 nebst deutscher Übersetzung in Hexametern. 23 S. 4°. Bürgerschule zu Buxtehude. 285.

Die Abhandlung will nicht einen vollständigen Kommentar der neunten Satire geben, sondern nur die bemerkenswertesten Varianten des Textes und die wichtigsten Abweichungen in der Erklärung besonders schwieriger Stellen zusammenstellen. Seine kritischen Bemerkungen beweisen richtiges Urteil; hier und da werden alte Erklärungen neu begründet. Wo aber der Verf. durch eine neue Interpretation mehr Licht in eine Stelle gebracht zu haben glaubt, wird man mit ihm kaum übereinstimmen können. — *Sch.*

162. *Barta, F.* Sprachliche Studien zu den Satiren des Horaz. 31 S. K. K. Staats-Gymn. zu Linz. I. Teil 1879. II. Teil 1881.

Verf. stellt sich die Aufgabe den Unterschied zwischen der Sprache in den Oden und der in den Satiren zu beleuchten und besonders die Anklänge an den römischen Umgangston, soweit sie sich in den Satiren finden, anzuführen. Mit gröfster Sorgfalt verfolgt er die Spuren der alten, derben Sprache der Republikaner, zählt die Substantiva auf, die ursprünglich wohl dem sermo plebeius angehörten, und schliefst daran diejenigen, die nur vereinzelt vorkommen. Dann gibt er vorzügliche Bemerkungen über Gebrauch und Entstehung der Eigennamen, über Spitznamen, Wortspiele und Deminutiva. Bei der Aufzählung der griechischen Wörter scheidet er zwischen solchen, die auch bei Cicero vorkommen, und solchen, die sich nur bei Horaz oder aufser ihm nur bei den Komikern finden. Auch die aus dem Gallischen oder Aramäischen entlehnten Wörter werden aufgezählt. Mit gleicher Sorgfalt wird das Adjektivum, das Verbum und das Adverbium behandelt und dann die Sprachweise des Dichters eingehend besprochen.

In der zweiten Abhandlung vom Jahre 1881 führt Verf. zuerst die gebräuchlichen Wörter an, welche der Dichter in übertragener volkstümlicher Bedeutung verwendet. Weiter bespricht er eigentümliche Wortverbindungen, die den Humor des Dichters beweisen, desgl. die zahlreichen Ausdrücke, die Horaz der Sprache der Grammatiker, der Musiker, Feldmesser, Jäger, Gladiatoren, den Spielen der Kinder sowie den Formeln der Juristen, den Umgangs- und Sprichwörtern entlehnt. In einem grammatischen Anhange wird schliefslich nachgewiesen, dafs auch in der Wahl der Wortformen, sowohl in Deklination und Konjugation wie bei den Partikeln, ein gewaltiger Unterschied zwischen der Sprache der Oden und der der Satiren obwaltet. — *Sch.*

163. *Baron, Josef.* De Q. Horatii Flacci epistula I, 18. Quaestiuncula critica. 29 S. 8°. Staatsgymn. in Sambor.

Die Arbeit ist eine mit besonnener und überzeugender Kritik ausgeführte Besprechung der Epistel an Lollius I, 18 mit eingehender Berücksichtigung der Erklärungen und Konjekturen seiner Vorgänger. Den Schlufs bildet eine Darstellung des Gedankenganges der Epistel. — *Peters.*

164. *Brocks, Emil.* I. Ein Skolion des Horaz. II. Zu Ilias XVII, 330. — 14 S. 4°. Städt. Progymn. zu Schwetz. 29.

Es handelt sich bei I um Horaz c. I, 32. Verf. hat den Wunsch das kleine, aber anmutige Gedicht, dessen Genufs die neuere Kritik einigermafsen zu verleiden droht, vor fernerem Unglimpf zu retten und bekämpft in geschickter Weise die von Lehrs und Peerlkamp gegen das Gedicht gerichteten Angriffe. Er erklärt das Gedicht für ein Skolion, das der Dichter bei einem Festmahl als Tribun im Lager des Brutus improvisiert habe, mithin für eine der frühesten Oden, und übersetzt sie nach Geibel's Vorgang.

II. Zu II. XVII, 330 wird vorgeschlagen das sonst nicht vorkommende Wort ὑπερδία durch ὑπὲρ Δία = trotz Zeus zu ersetzen, was der neueste Iliasübersetzer, F. W. Ehrenthal, billigt. — *Sch.*

165. *Petschar, M.* De Horatii poesi lyrica. Pars II. 20 S. 8°. Staatsgymn. zu Teschen.

Über den ersten Teil vergl. C.-O. X, p. 166. In seiner weiteren Charakteristik der Lyrik des Horaz führt Verf. aus, dafs der Dichter sich wohl bewufst war, dafs die Wirkung und Kraft seiner Dichtung nicht in schwungvoller Erhabenheit, sondern in der Lieblichkeit der Sprache lag, und dafs sein bleibendes Verdienst nur das sei die römische Litteratur mit einer neuen Dichtungsgattung bereichert zu haben. Unrecht thun die, welche Horaz für wenig mehr als einen blofsen Nachahmer und Übersetzer der Griechen erklären oder ihm, dem nüchternen Anhänger der epikureischen Philosophie, die Benutzung mythologischer Fabeln zum Vorwurf machen, da doch der Dichter bei deren Auswahl und Darstellung stets von echt römischem Nationalbewufstsein geleitet werde. Auch hinsichtlich der „zahlreichen amores" habe Horaz stets Mafs gehalten und sei in dieser Beziehung ein Anhänger des Sokrates und Platon gewesen. — *Peters.*

166. *Weise, H.* De Horatio philosopho. 18 S. 4°. Gymn. zu Colberg. 103.

Die Abhandlung, welche als Gratulationsschrift zu dienen bestimmt war, bespricht Horazens Verhältnis zu dem stoischen und epikureischen System seine allmähliche Wandlung in der Beurteilung des Stoicismus und anderes, das schon oft gesagt ist. — *Sch.*

167. *Schmidt, Leonhard.* Zehn Horaz-Oden in freier Übertragung. S. 19—26. 4°. K. Gymn. in Bromberg. 122.

Die meist in Reimstrophen gegebene, den Ton der Horazischen Poesie recht gut treffende Übertragung umfafst die Oden I. 4, 9, 22, 24, 38. II. 10, 14. III. 9, 13. IV. 7. — *Peters.*

168. *Trübst, Woldemar.* Quaestiones Hyperideae et Dinarcheae. Pars I. 26 S. 4°. Gymn. zu Hameln. 261.

Der Verf. beschäftigt sich mit der Erklärung des Fragm. 4 (vor der 7. Kolumne) der Rede des Hyperides gegen Demosthenes und giebt bei Gelegenheit eine auf seine Veranlassung veranstaltete Kollation des Parisinus 1, Vindobonensis, Parisinus 3 und der Aldina von des Alexander Numenii Schrift περὶ σχημάτων, untersucht das Verhältnis dieser Handschriften zu einander und kehrt dann zu der Stelle des Hyperides zurück. — *Harder.*

169. *Wentzel, H.* De Juba metrico. part. I. 17 S. 4°. K. kathol. Gymn. zu Oppeln. 170.

In einer früheren Abhandlung hatte Verf. nachgewiesen, dafs der Metriker Juba verschieden sei von dem gleichnamigen Sohne des Numiderkönigs und seine Metrik gegen Ende des 3. Jahrh. n. Chr. geschrieben habe. Die neue Arbeit beschäftigt sich mit dem Bobiensischen Fragment des Juba, emendiert die als metrische Beispiele angeführten Verse, weist deren Quellen nach und fällt ein Urteil über ihre Sprache. — *Peters.*

170. *Christ, A. Th.* Die Art und Tendenz der Juvenalischen Personenkritik. 23 S. 8°. Staatsgymn. zu Landskron.

Verf. führt aus, dafs Juvenal seine satirische Kritik vorzugsweise gegen erst kürzlich Verstorbene richte, so jedoch, dafs sich die Lebenden durch die Schilderung der Laster und Verbrechen jener mitgetroffen fühlen mufsten und Anlafs zur Umkehr erhielten. — *Pieper.*

171. *Holtze.* De recta eorum quae ad syntaxin Livii pertinent, dispertiendorum et ordinandorum ratione. 28 S. 4°. Domgymn. zu Naumburg a. S. 205.

Nachdem der Verf. seine Mifsbilligung über die Methode von C. Ferd. Becker und Herling (Kuehner, Draeger) ausgesprochen, schlägt er ein neues Schema für die liv. Syntax vor, welches er reich mit Beispielen ausstattet und weit ins Einzelne ausführt. — *Harder.*

172. *Vollmer, A.* Die Quellen der dritten Dekade des Livius. 27 S. 4°. Ev. höh. Bürgersch. zu Düren. 418.

Nach sorgsamer Betrachtung der einschlägigen Stellen der Bücher XXI bis XXX kommt der Verf. zu dem Resultate, „dafs Livius in der dritten Dekade meistens zwei, bisweilen drei, seltener vier Überlieferungen neben einander stellte, von denen aber selten eine ganz genau mit Polybius übereinstimmte, die aber vielfach auf Coelius und auf die wichtigsten Annalisten Valerius Antias, Claudius Quadrigarius und Piso zurückzuführen waren." In einzelnen Abschnitten sei die Übereinstimmung zwischen Livius und Polybius nicht wegzuleugnen, sie schliefse aber nicht aus, dafs beide unabhängig von einander eine gemeinsame Quelle benutzten, und dafs daher die mannigfachen kleinen Zusätze bei Livius auch in diesen Partieen stammen. — *Fichr.*

173. *Boblens.* Kritische Anmerkungen zu Lysias. 18 S. 4°. Grofsherz. Marien-Gymn. zu Jever. 578.

Besprochen werden Lysias X, XII und XIII, im ganzen 56 Stellen. Vgl. phil. Rundschau 1882, No. 24. — *Harder.*

174. *Haupt, Heinrich.* Animadversiones in Julii Obsequentis prodigiorum librum. 20 S. 4°. Gymn. zu Bautzen. 460.

Eine ausführliche Besprechung der sehr wichtigen Arbeit steht in der philol. Rundschau von 1881, No. 46. — *Harder.*

175. *Gräber, Gustav.* Quaestionum Ovidianarum pars prior. 33 S. 4°. Gymn. zu Elberfeld. 380.

Verf. stellt zunächst folgende Daten fest: Ovid hat im Dezember 761/8 Rom verlassen und ist im Frühling 762/9 in Tomi angekommen. Buch I der Tristien ist in demselben Frühling 762/9, Buch II im Sommer ebendesselben Jahres, Buch III im Frühling 763/10, Buch IV im Anfang von 764/11 und Buch V gegen Ende desselben Jahres herausgegeben. Die Briefe der drei ersten Bücher ex Ponto sind gröfstenteils im Frühling und Sommer 765/12 verfafst und Ende 766/13 nach Rom geschickt. Die Briefe des vierten Buches stammen aus der Zeit vom Herbst 766/13 bis zum Jahre 769/16. Kurz darauf ist der Dichter gestorben. Im zweiten Teile behandelt der Verf. das Leben 1) der dritten Gemahlin Ovid's, 2) des Paullus Fabius, 3) und 4) der Söhne des M. Valerius Messalla Corvinus, 5) und 6) eines zweiten Brüderpaares, des C. Pomponius Graecinus und L. Pomponius Flaccus, und 7) des Sextus Pompeius Sext. f. Cn. n., des Consuls von 767/14. — Die Abhandlung ist auch als Buch bei Weidmann (Berlin) erschienen. — *Sch.*

176. *Furenka, Hugo.* Beiträge zur Kritik der Ovid'schen Heroiden. 32 S. 8°. K. K. Staatsgymn. im VIII. Bezirke zu Wien.

Die Abhandlung zerfällt in zwei Hauptteile, deren ersterer das Verhältnis der Heroiden zu den Dichtungen der Vorgänger Ovid's behandelt. Verf. geht von den bekannten Worten des Dichters (III, 346) „ignotum hoc aliis ille novavit opus" aus, welche nichts anderes sagen wollen, als dafs er in seinen Heroiden thatsächlich etwas bisher nicht dagewesenes bringe, und nimmt diesen wahren Sinn obiger Worte entgegengesetzten Meinungen gegenüber für Ovid in vollem Mafse inanspruch. Denn Properz habe die Arethusa-Epistel (V. 3) erst nach Veröffentlichung der Heroiden verfafst, vielleicht um dem befreundeten Ovid damit seinen Beifall für die schöne Erfindung auszudrücken. Im zweiten Hauptteil, „Über Ovid's Penelopebriefe", weist der Verf. die strenge, fast schülerhafte Disposition des Briefes nach und schützt eine Reihe von Stellen gegen kritische Versuche. Besonders geglückt ist die Verteidigung des Distichons V. 85—86.

Die zum Schlufs gegebene Zusammenstellung kleinerer Unebenheiten, die sich der Dichter hat zuschulden kommen lassen, enthält nichts Neues. — *Sch.*

177. *Oette, M.* Beiträge zur Erklärung von Pausanias V, 17, 5 ff. 18 S. 4°. Herzogl. Christians-Gymn. zu Eisenberg. 596.

Im Anschlufs an Overbeck's Arbeit über die Lade des Kypselos wird in diesen Bruchstücken einer gröfseren Abhandlung über denselben Gegenstand versucht einen inneren Zusammenhang der von der archäologischen Forschung oft behandelten Bilder dieses altkorinthischen Kunstwerks nachzuweisen. Als Grundgedanken desselben bezeichnet der Verf. „die Macht der Frauen im Guten und Bösen". Auch zwischen den drei ersten Darstellungen des zweiten Streifens, die den Dorerhelden Herakles verherrlichen sollen, und zwischen den beiden letzten Scenen des 4. Streifens (Ödipussage) wird eine innere Beziehung gesucht, schwerlich mit recht. — *Bolte.*

178. *Stephan, G.* Die dichterische Individualität des Persius. 30 S. 8°. Landes-Real-Gymn. in M. Schönberg.

Gegenüber den geringschätzigen Urteilen der meisten Neueren über Persius will der Verf. durch Betrachtung der einzelnen Satiren eine sine ira et studio geschriebene Darlegung der Vorzüge und Mängel desselben geben.

Jene zeigten sich besonders in dem sittlichen Ernste und der meisterhaften Détailschilderung, diese in der lockeren Komposition, in der mangelhaften Durchführung der dialogischen Form und in dem dunklen Gedankenausdrucke; doch sei hinsichtlich des letzteren manches auf Rechnung des Zeitalters zu setzen. — *Pieper.*

179. *Weber.* Die Fabeln des Phaedrus, in das Zemaitische übersetzt von Dowkont. Gymn. zu Weimar. 587.

180. *Bräuning, Th. F. G.* De adiectivis compositis apud Pindarum. Pars altera. 8. 49—66. 4°. K. Christianeum zu Altona. 234.

Im ersten Teile (Progr. ders. Anstalt 1880) gibt der Verf. eine vollständige Aufzählung aller zusammengesetzten Adjektiva bei Pindar. In dieser altera pars bespricht er die lautliche Gestalt dieser Wörter und zwar in zwei Kapiteln: De priore membro compositi und de alteio membro compositi. Daran schliefst sich ein drittes De accentu. Mag sich auch über einzelne der gegebenen Erklärungen streiten lassen, so ist die Arbeit doch ein dankenswerter Beitrag zu einer Geschichte der griechischen Kompositionslehre. — *Pieper.*

181. *Rothe, Carolus.* Quaestiones grammaticae ad usum Plauti potissimum et Terentii spectantes. 36 S. 4°. Collège Royal français zu Berlin. 46.

Verf. geht, um für die Erklärung des Konjunctiv nach quam in Komparativsätzen eine feste Grundlage zu gewinnen, bis auf Plautus und Terenz zurück und findet, dafs quam ut bei diesen Dichtern nicht im Gebrauch ist, vielmehr durch den blofsen Konjunktiv ersetzt wird. Bei dem Verbum malle wenden sie den Infinitiv nach quam an, während sie nach velle auch quam ut setzen. Der Verf. kommt zu dem Schlufs, dafs der Gebrauch des ut consecutivum nach quam bei Plautus noch nicht ausgebildet ist. — *Bombe.*

182. *Schubert, H.* Zum Gebrauch der Temporalkonjunktionen bei Plautus, 22 S. 4°. K. K. Gymn. zu Lissa. 127.

Verf. behandelt nach dem Vorgang von Lübbert „Die Syntax von quam im älteren Latein" die Zeitkonjunktionen und kommt bei postquam zu dem Schlufs, dafs das logische Perfektum sich nur dann mit postquam verbindet, wenn es eine einzelne Handlung bezeichnet, bei Plautus aber eine Verbindung von postquam mit dem Plusqu. sich nicht findet. Wenn nach ut eine wiederholte Handlung ausgedrückt werden soll, so ist immer quisque damit verbunden. Statt ut mit dem Imperf. wird bei Plautus quom gesetzt. Bei quando ist im Temporalsatz bei allen Beispielen velle oder lubet gebräuchlich. — *Bombe.*

183. *Vofs.* De versibus anapaesticis Plautinis. 18 S. 4°. Realgymn. zu Diedenhofen. 447.

Bei der Behandlung der anapästischen Verse hebt Verf. zunächst die Schwierigkeit hervor, welche dadurch entsteht, dafs die lateinische Sprache dem Charakter dieser Versart widerstreitet. In vorliegendem ersten Teile seiner Abhandlung gibt er eine Zusammenstellung derjenigen anapästischen

Verse, welche sich bei Plautus finden. Im zweiten Teile will er die Gesetze auseinandersetzen, nach denen Plautus die anapästischen Verse gebraucht hat. Am meisten im Gebrauch sind die Septenare, während Octonare nur Aulularia IV, 9 eine Reihe bilden. — *Bomhr.*

184. *Steinhof.* Das Fortleben des Plautus auf der Bühne. 23 S. 4°. Gymn. zu Blankenburg. 597.

Zweck der Abhandlung ist zusammenzustellen: 1) welche plautinische Stücke im latein. Texte oder in Übersetzungen nach dem Tode des Dichters wieder aufgeführt sind, und wann das geschehen, und 2) welche seiner Stücke von späteren Dramatikern entweder ganz für die Bühne bearbeitet oder in Einzelheiten benutzt sind. Verf. ordnet die Stücke dabei nach dem Alphabet. Der Litteraturnachweis dagegen ist nach den einzelnen Ländern geordnet und sehr reichhaltig. — *Peters.*

185. *Detlefsen, D.* Kurze Notizen über einige Quellenschriftsteller des Plinius. 8 S. 4°. K. Gymn. zu Glückstadt. 236.

Folgende Namen aus den Indices zur Nat. Hist. des Plinius werden behandelt: Qn. Birrius, Dessius Mundus, Polybius, Sabinius Tiro, Sergius Plautus, Valerius Messala Potitus. Einen Teil dieser Namen hat Verf. in seiner Ausgabe zuerst in den Text gesetzt und sucht nun durch Beweise und Vermutungen ihre Berechtigung wahrscheinlich zu machen. — *Furtr.*

186. *Sass, Friedrich.* Plutarch's Apophthegmata regum et imperatorum. 21 S. 4°. K. Gymn. zu Ploen. 241.

Verf. sucht, hauptsächlich gegen R. Volkmann, den Nachweis zu führen, dafs die genannte Schrift (mit Ausschlufs der Dedikationsepistel) plutarchischen Ursprungs sei, nämlich eine Kompilation, die Plutarch für seinen eignen Gebrauch, nicht zur Veröffentlichung, gemacht habe; die Veröffentlichung sei vielleicht erst durch seine Söhne oder Schüler geschehen. Einen positiven Beweis für die Echtheit der Schrift findet Verf. in den Citaten bei Stobaeus. — *Harder.*

187. *Treu, Max.* Zur Geschichte der Überlieferung von Plutarch's Moralia. II. 40 S. 4°. Gymn. zu Ohlau. 169.

Diese Abhandlung ist der Schlufs eines 1877 im Progr. der Waldenburger Anstalt erschienenen Aufsatzes. Sie behandelt das Verhältnis des cod. Paris. Gr. No. 1672 (Wyttenbach: E) aus init. XIV saec. zum cod. Par. Gr. No. 1675 (W.: B.). Verf. sucht B. Mueller's („die Seelenschöpfung im Timaeus", Bresl. 1873 p. 13) Behauptung zu widerlegen, dafs die neun letzten Plutarchschriften eine feste Ordnung in der Überlieferung zeigten, und darzuthun, dafs E und B einzeln aus einer Handschrift geflossen seien. Sodann wendet er sich gegen A. W. Winckelmann's (ed. des Eroticus, Zürich 1836) dem Fr. Duebner gespendetes Lob, da dieser u. a. an ca. 20 Stellen die Lücken der codd. übersehen habe, und dringt auf neue Vergleichung von E und B. Schliefslich gibt er eine Beschreibung des cod. B. — *Schultze.*

188. *Majchrowicz, Franc.* De auctoritate libelli Plutarchei, qui περὶ Ἡροδότου κακοηθείας inscribitur. 17 S. 8⁰. K. K. zweites Ob.-Gymn. in Lemberg.

Der Vorwurf der Schrift (deren Verf. meist Pseudo-Plutarchus, mehrfach aber Plut. genannt wird), dafs Herodot gegen die Griechen eingenommen gewesen sei, wird beleuchtet inbezug 1) auf die Griechen überhaupt, 2) auf bestimmte griechische Staaten, 3) auf einzelne Männer. Resultat: Herodot berichtet alles ihm mitgeteilte ohne Zusatz und ohne Weglassung; sobald er aber seine Ansichten über das menschliche Leben oder über das Verhältnis zwischen Göttern und Menschen äufsert, trägt er kein Bedenken die Geschichte durch mancherlei Zusätze auszuschmücken. — *Borchardt.*

189. *Polster, L.* Quaestionum Propertianarum specimen. 17. S. 4⁰. K. Gymn. zu Ostrowo. 130.

Im ersten Abschnitt versucht Verf. durch teilweise gewaltsame Umstellung der Verse den gestörten Zusammenhang mehrerer Elegieen wiederherzustellen; im zweiten werden neunzehn Konjekturen vorgeschlagen. — *Sch.*

190. *Kuhlmann, L.* De Sallustii codice Parisino 500. 20 S. 4⁰. Grofsherz. Gymn. zu Oldenburg. 579.

Verf. weist an vielen charakteristischen Stellen nach, dafs Jordan mit recht den Sallust-Text auf den codex Paris. 500 basiert habe und die entgegenstehenden Ansichten von Wirz, Weinhold, Gerlach, Dietsch, Boese unhaltbar seien. Vergl. die philol. Rundschau 1881, No. 29, und philol. Wochenschrift 1882, No. 20. — *Harder.*

191. *Kraut, K.* Über das vulgäre Element in der Sprache des Sallustius. 12. S. 4⁰. Evang.-theol. Seminar in Blaubeuren. 507.

Gestützt vornehmlich auf die einschlägigen Untersuchungen Wölfflin's und Rebling's, versucht Verf. zu zeigen, dafs das vulgäre Element ein entschiedener Bestandteil der sallustischen Sprache ist. Er bespricht in dieser Hinsicht die Redeteile, sodann die Aussprache, die Deklination, die Konjugation, die Syntax und schliefslich die dahin gehörenden stilistischen Erscheinungen. — *Peters.*

192. *Riedel, Karl.* Der gegenwärtige Stand der Sapphofrage. 36 S. 8⁰. Landes-Realgymn. zu Waidhofen a. d. Thaia.

Verf. unterzieht die überlieferten Nachrichten über Sappho sowie die erhaltenen Fragmente einer Kritik und reinigt die Dichterin von den besonders durch die attische Komödie ihr gemachten Vorwürfen der Immoralität. Auch das Verhältnis zu Phaon und der leukadische Sprung beruhen auf Erfindung der attischen Dichter. Desgleichen werden die an Sappho's Musenhaus sich knüpfenden Verleumdungen zurückgewiesen. Noch Solon und Platon sprechen von ihr mit Begeisterung. — *Peters.*

193. *Mohr, P.* Zu Sidonius' carmina. 14 S. 4⁰. Gymn. Fredericianum zu Laubach. 547.

Nach einer Kritik der 1879 in Paris erschienenen Ausgabe des Sidonius von E. Baret, welche kaum nach irgend einer Richtung hin als ein Fortschritt zu betrachten ist, und nach einer Charakteristik des Sidonius als eines Nachahmers, werden, der Reihenfolge der Gedichte nach, eine Anzahl der Verbesserung und Erklärung bedürftiger Stellen besprochen. — *Peters.*

194. *Kerer, Anton.* Über die Abhängigkeit des C. Silius Italicus von Livius. 49 S. 8°. K. K. Staats-Gymn. in Bozen.

Verf. will die Abhängigkeit der Gesänge I—IV von Livius XXI im einzelnen nachweisen und rechtfertigt dabei die Abweichungen. Im Hervorheben der Übereinstimmungen aber ist des Guten ein gut Teil zu viel gethan. Eine Tabelle am Schlufs stellt die verglichenen Stücke einander gegenüber. — *Borchardt.*

195. *Kuhn, Joseph.* Zeus und sein Verhältnis zu den Moirai nach Sophokles. 80 S. 8°. Deutsch. Staats-Gymn. in Prag-Altstadt.

Nachdem Verf. die Stellung des Sophokles zu Pindar und Aeschylus auf dem Gebiet der religiösen und sittlichen Anschauungen charakterisiert hat, giebt er eine Darstellung des Zeus nach dessen verschiedenen Seiten und Verhältnissen, soweit es die erhaltenen Reste der Sophokleischen Dramen ermöglichen. Den Anfang macht die Darstellung der rein mythischen Elemente, Abstammung, Brüder, Frauen und Kinder des Zeus, wobei sich das Resultat ergiebt, dafs Sophokles von allen darauf bezüglichen Sagen möglichst Umgang zu nehmen versucht. Es folgt dann die Betrachtung des Wesens des Zeus, und zwar einerseits sein Verhältnis zur Natur (die physische Seite) und andrerseits sein Verhältnis zu den Göttern und Menschen (die ethische Seite). Schliefslich werden die ihn pflegenden Priesterschaften, seine Cultusstätten und Symbole (Blitz, Donnerkeil, Eiche, Adler) erwähnt. Was sein Verhältnis zu den Moirai anbetrifft, so ergiebt sich, dafs Sophokles die Moirai als persönliche Wesen behandelt und sie Zeus unterordnet, doch wird die Unterordnung nicht näher charakterisiert. — *Peters.*

196. *Braitenberg, Hubert von.* Die historischen Anspielungen in den Tragödien von Sophokles. 34 S. 8°. K. K. Deutsches Neustädter Staats-Gymn. zu Prag.

Der Verf. hat in der vorliegenden Schrift diejenigen Stellen der Dramen des Sophokles einer näheren Prüfung unterzogen, die ihm historische Anspielungen mit einiger Sicherheit zu beweisen scheinen. Indem er auf die historisch-fixierbaren Daten der Aufführung der Stücke zurückgeht, gründet er auf diese für bestimmte Ausdrücke in den Dramen verschiedene Hypothesen. Verf. kommt durch seine Untersuchungen zu dem Resultate, dafs Sophokles' Tragödien zwar keine Tendenzstücke seien, doch aber in denselben der Einflufs seines Zeitalters zu Tage trete, und zwar in zweifacher Beziehung, einerseits in der Wahl, Behandlung und Umbildung des Mythus, andrerseits in einzelnen Diktionen, Bildern und Wendungen. — *Voiges.*

197. *Harper.* Die Feinheit der Ökonomie und der Charakterzeichnung in den einzelnen Dramen des Sophokles und der Kern der sittlichen Anschauung desselben, I. 28 S. 4°. Evang. Gymn. zu Grofs-Glogau. 155.

Verf. bespricht den sittlichen Gehalt von fünf sophokleischen Dramen, Antigone, Elektra, den beiden Oedipus und Aias, indem er die Idee und den tragischen Konflikt in denselben entwickelt. In der Antigone kämpft das Staatsgebot wider die religiöse Verpflichtung gegen die Toten, bis die σωφροσύνη als oberstes göttliches Gebot erkannt wird. In der Elektra wird der Akt der Blutrache zu einem Akte der göttlichen Gerechtigkeit. Im Oedipus tyrannus erfüllt sich der Schicksalsspruch durch freie That des Oedipus. Im Oedipus Coloneus (der notwendigen, vom Dichter in Aussicht genommenen Ergänzung des Oed. tyr.) wird an dem gottergebenen Bettler das Gleichgewicht zwischen Schuld und Strafe hergestellt. Im Aiax straft das göttliche Gericht die vermessene Überhebung des Menschen. — *Schultze.*

198. *Schwabe, Julius.* Die Proklamation des Königs in Sophokles' Tragödie König Oedipus (v. 216—275) 26 S. 4°. Friedrichs-Gymn. zu Altenburg. 594.

Der Verf. sucht die vielumstrittene Stelle dadurch in Ordnung zu bringen, dafs er die Verse 246—248 zwischen 235 und 236 einschiebt und 246 γάρ für δέ, 250 ὁ δρῶν für ἐμοῦ, und 251 τῷδ' für τοῖσδ' schreibt. Vgl. die philol. Rundschau 1882 No. 8. — *Harder.*

199. *Schnitzer, Cl.* Die traiectio epitheti bei Genetivverbindungen in den Tragödien des Sophokles. 18 S. 8°. K. K. zweites Ober-Gymn. zu Lemberg.

Die Enallage, im engeren Sinne die bei Genetivverbindungen, ist eine dreifache: a) das Adj. wird statt zum Genetiv zum regierenden Nomen gesetzt; b) umgekehrt; c) die Adj. beider Begriffe wechseln ihre Plätze. Sie tritt schon bei Homer auf, am kühnsten bei Pindar, Euripides, den Alexandrinern. Stellung am häufigsten: Adj., Gen., Nomen regens; danach Adj., Nom. r., Gen., endlich Gen., Adj., Nom. r. — Bibliographie. — Folgen die einzelnen Fälle aus den 7 Tragödien des Sophokles; wo mehrere Lesarten oder Erklärungen vorhanden sind, führt Verf. sie an und entscheidet. Eine Tabelle läfst die Stellen aus verschiedenen Gesichtspunkten noch einmal statistisch übersehen. — *Borchardt.*

200. *Glaser, Adelbert.* Quaestionum Sophoclearum particula altera. 17 S. 4°. K. Gymn. zu Wetzlar. 402.

Nachdem der Verf. im Wetzlarer Programm von 1870 die ersten vier Verse der zweiten Strophe des Stasimons im Oedipus Coloneus, welches von 1044 beginnt, also von 1074—1078, behandelt hat, wendet er sich in diesem Programme zu den letzten, vielbehandelten Versen derselben Strophe und stellt aufgrund teils fremder, teils eigener Vermutungen verschiedene Abweichungen gegen den Laurentianus fest. Vgl. die philol. Rundschau von 1881, No. 32. — *Harder.*

201. *Real, Wład.* Utrum dialogus, qui inscribitur de oratoribus, Tacito adscribi possit necne, quaeritur. 40 S. 8°. Staatsgymn. zu Czernowitz.

Verf. verfolgt den Zweck die schon so oft behandelte Streitfrage über den Autor des dialogus de oratoribus, mit ihren Gründen für und wider Tacitus und die anderen inbetracht gezogenen Schriftsteller, in kurzer übersichtlicher Darstellung noch einmal vorzuführen. Man vermifst jedoch in seiner Arbeit, abgesehen von der eintönigen und leider auch oft nicht grammatisch korrekten Form, zunächst das für Gesamtdarstellungen absolut notwendige Streben nach möglichster Vollständigkeit und ganz besonders die Berücksichtigung der neuesten Litteratur. Irgend einen neuen Gedanken bringt die Arbeit nicht und ist nach Jansen's Dissertation (Gröningen 1878) und neben der neuen Auflage von Weinkauff's Arbeiten durchaus entbehrlich. — *Kleiber.*

202. *Teuber, August.* De auctoritate commentorum in Terentium quae sub Aelii Donati nomine circumferuntur. 22 S. 4°. Wilhelms-Gymn. und Höh. Bürgersch. zu Eberswalde. 61.

Der Verf. behandelt zunächst die Frage nach den Verfassern des Tractatus de comoedia et tragoedia und des Commentus de comoedia und gelangt zu dem Resultat, dafs ersterer einem Gelehrten des 5. Jahrhunderts zuzuweisen ist, welcher die Bücher des Donatus zu Terenz benutzt hat. Der commentus de comoedia enthält zwei Erklärungen, von denen die eine von Donatus verfafst, die andere aber in neuerer Zeit entstanden ist. Die beiden anderen Teile der Abhandlung enthalten wertvolle Verbesserungen zu den Kommenten des Donatus. — *Bembe.*

203. *Hauschild, G. R.* Die Grundsätze und Mittel der Wortbildung bei Tertullian. 56 S. 4°. Städt. Gymn. zu Frankfurt a. M. 334.

Die Abhandlung bildet die Fortsetzung zu dem unter gleichem Titel erschienenen 1876er Osterpr. der Realsch. II. O. zu Leipzig. Sie vervollständigt die Gesichtspunkte, nach denen Tertullian in der Verwendung des Griechischen verfuhr, und behandelt darnach die sprachlichen Erscheinungen. Ein Verzeichnis der Wörter, welche bei Tertullian zum ersten Male auftreten, sowie ein Verzeichnis solcher im Französischen, Englischen und Italienischen vorkommenden Wörter, welche Überreste tertullianischer Neubildungen sind, bilden den Schlufs der lesenswerten Abhandlung. — *Peters.*

204. *Kohlmann, P.* De scholiis Theocriteis. 13 S. 4°. Gymnasium zu Neustettin. 109.

Verf. untersucht die in den Scholien zu Theokrit erwähnten Lesarten, mit Zugrundelegung des Codex Ambrosianus 222, da über Herkunft und Wert mancher von Kalliergos in die Scholienmasse aufgenommenen noch Zweifel walten, und kommt zu dem Ergebnis, dafs dem Scholiasten zwei verschiedene Recensionen des Theokrittextes vorlagen, als deren Repräsentanten wir die Codices k und p (nach Ahrens) anzusehen haben. — *Bolte.*

205. *Seck, Franz.* De Pompei Trogi sermone. Pars prior. 27 S. Grofsh. Gymn. zu Konstanz. 525.

Unter Zugrundelegung der wenigen wörtlich erhaltenen Fragmente aus Pompeius Trogus mit Einschlufs der Rede des Mithridates, welche Justin ebenfalls wörtlich aus Trogus aufgenommen hat (XXXVIII, 4—7), sucht Verf. aus Justin und durch Vergleichung des Sprachgebrauchs auch anderer Schriftsteller den Sprachgebrauch des Pompeius Trogus zu ermitteln, soweit er sich auf die Formenlehre bezieht. Die Syntax ist einem zweiten Teile vorbehalten. — *Peters.*

206. *Schmidt.* De oratione Archidami, Thucyd. I. 80—85. 14 S. 4°. Gymn. zu Nordhausen. 207.

Nach einer kurzen Übersicht über den Inhalt von Thukydides I, 1—79 gibt Verf. einen eingehenden kritisch-exegetischen Kommentar zu der Archidamos Rede, Thukyd. I, 80—85, in Anlehnung an die Arbeiten von Classen, Dietsch, Krüger und anderen. Er bringt Erläuterungen und Parallelen zu grammatischen Eigentümlichkeiten, berücksichtigt den Gebrauch von rhetorischen Figuren und geht auch auf die Frage von der Abfassungszeit des Thukydideischen Werkes ein. Ohne erheblich viel Neues zu bringen, zeigt der Verf. Vertrautheit mit dem Thukydides und Kenntnis der einschlagenden Schriften. — *Vollert.*

207. *Stein, Ferdinand.* De figurarum apud Thukydidem usu. 19 S. 4°. Friedr.-Wilhelms-Gymn. zu Köln. 373.

Der Kern der Abhandlung ist gerichtet gegen das Urteil des Dionysius von Halikarnass, dafs Thukydides in der Anwendung der Figuren nicht das rechte Mafs gehalten habe, ja „kindisch" darin sei. Es wird zu zeigen gesucht, dafs Thukydides die „Figurae dictionis" teils gemieden habe, teils, wo er sie anwendete, durch das Streben nach Deutlichkeit dazu gebracht sei. Dasselbe gelte auch von den „Figurae mentis".

Zum Schlufs werden Thukyd. I, 11, 2 und III, 30, 4 kritisch behandelt. — *Vollert.*

208. *Huberenz, Aemilius.* De scholiis in Thukydidem quaestiones novae. 16 S. 4°. Dom-Gymn. zu Magdeburg. 201.

Verf. bietet in dieser Fortsetzung früherer Arbeiten kritische Besprechungen über eine Reihe von Thukydides-Scholien. Ausgehend vom ersten Buche des Thukydides, das mit gröfserer Vollständigkeit behandelt ist als die übrigen, berücksichtigt er aufser den älteren Arbeiten von Poppo u. a. hauptsächlich die Observationes ad scholia in Thukydidem von Goslings, dessen Ansichten er einer eingehenden Prüfung unterzieht. Daneben werden auch selbständig manche Stellen des Thukydides selbst behandelt. — *Vollert.*

209. *Hermann, F.* Vergil's Aeneide verglichen mit Homer's Odyssee und Ilias. III. Teil. 10 S. 4°. Zeidler'sche Lehr- und Erziehungs-Anstalt zu Dresden. 483.

Eine Aufzählung der entnommenen Redewendungen, Gleichnisse und Episoden des 6. Buchs der Aeneis, bei der auch manche nur zufällige Übereinstimmung berücksichtigt ist. Auffallend ist die Meinung, Vergil habe einen von Interpolationen freieren Text der homerischen Epen vor sich gehabt als wir. — *Bolte.*

210. *Laces.* Kritisch-exegetische Beiträge zu Vergil's 6. und 10. Ekloge sowie zum 1. Buche der Georgica. 15 S. 4°. Gymn. zu Lyck. 7.

Den gröfsten Teil der Arbeit nimmt eine Besprechung der 6. Ekloge ein, von der Verf. unter anderem nachzuweisen sucht, dafs sie die erste sei, die Vergil geschrieben habe. — Bei der Besprechung der 10. Ekloge und Georg. I. macht Verf. Vorschläge für Erklärung und Emendation verschiedener Verse. — *Harder.*

211. **Franken**, *Th.* Über den Unterschied des Hexameters bei Vergil und Horaz. 16 S. 4°. Realsch. I. O. zu Crefeld. 408.

Verf. stellt, grofsenteils nach Lachmann, Wagner, Kirchner und L. Müller in übersichtlicher Weise die zwischen H. und V. obwaltenden Unterschiede fest. Er beachtet dabei: die spondeischen Verse, die Caesur, die einsilbigen oder mehr als dreisilbigen Worte, am Schlusse die Perioden, die Synizese, die Elisionen, die hypermetrischen Verse, den Hiatus, die Vernachlässigung der Positionslänge und die Dehnungen eigentlich kurzer Silben. Vergl. die philol. Rundschau von 1881 No. 41. — *Harder*.

212. **Peruzzi**, *Raimund.* De scholiorum Bernensium origine et auctoribus, argumento et indole. 32 S. 8°. K. K. Realgymn. zu Sarajevo.

Nachdem Verf. in der Einleitung die Geschichte der Auffindung und Bekanntmachung der Scholia Bernensia durch C. W. Müller u. Hermann Hagen gegeben hat, bespricht er in cap. I die drei codices Bernenses und einen Vossianus-Leydensis und stimmt in der Beurteilung ihres Wertes mit Hagen überein. In cap. II wird über die auctores Schol. Bernen. mit Zugrundelegung der subscriptio der Handschriften gesprochen und dargelegt, dafs weder T. Gallus noch Gaudentius von Servius benutzt sei. Cap. III handelt über Jumilius Flagrius (Iunius Philargyrius). Auch werden dort die Namen der in den Schol. Bernens. citierten Grammatiker aufgezählt. Cap. IV sucht darzuthun, dafs T. Gallus sich auf Abschreiben aus Servius beschränkt hat. Auch des Gaudentius Quelle ist Servius; er begnügt sich aber nicht mit nur sachlichen, bes. mythologischen Erklärungen, sondern zieht auch grammatische hinzu. Am höchsten steht Jumilius Flagrius. Er zeigt gute Kenntnis der Litteratur, hat nicht nur mythologische, auf Sacral- und Ceremonialwesen bezügliche, historische, geographische, astronomische, naturwissenschaftliche Anmerkungen, sondern nimmt auch auf verschiedene Lesarten Rücksicht und gibt Urteile über Komposition und Eleganz der Vergil'schen Gedichte. Der Epitomator dagegen, der in den Scholia Bernensia thätig war, zeigt grofse Ignoranz und verkehrtes Urteil. — *Sch.*

213. **Schmidt**, *O.* Specimen commentarii ad Hieronem Xenophonteum. 18 S. 4°. Gymn. zu Eisenach. 584.

Nach einer kurzen Inhaltsangabe und einigen orientierenden Notizen über Sprachform, Verfasser und Zweck des Xenophontischen Hieron folgen historische, grammatische, rhetorische, hier und da auch kritische Bemerkungen zum ersten Kapitel dieses kleinen Dialogs, nebst Verweisen auf Grammatiken, Parallelstellen etc. — *Vollert*.

214. **Schömann**, *Georg.* Commentatio de Zenobii commentario Rhematici Apolloniani. 29 S. 4°. Städt. Gymn. zu Danzig. 20.

Verf. hat aus dem Etymologicum Magnum die Fragmente des Kommentars gesammelt, den der sonst unbekannte Grammatiker Zenobius zum Rhematikon des Alexandriners Apollonius verfafst hat. Der Name des Autors ist allerdings dort in den wenigsten Fällen genannt und meist mit Zenodot verwechselt, oft aber aus Kompendien zu erschliefsen. — *Peters*.

215. *Kraffert, Herm.* Beiträge zur Kritik und Erklärung lateinischer Autoren. 52 S. 8⁰. (Gymn. zu Aurich. 255.

Von einer beabsichtigten kritischen Excursion durch das Gebiet lateinischer Autoren gibt der Verf. hier die Ausbeute des durch das Bellum Gallicum gemachten Ganges, indem er an etwa 152 Stellen den Text zu verbessern versucht, nicht aufgrund vorgefafster grammatischer Regeln, sondern unter Berücksichtigung des Sinnes und zum grofsen Teil durch Beseitigung angenommener Interpolationen. — *Schultze.*

216. *Ryssel, Victor.* Über den textkritischen Wert der syrischen Übersetzungen griechischer Klassiker. II. Teil. Nicolaigymn. in Leipzig. 468.

Verf. setzt zunächst die Bedingungen und Momente aus einander, welche inbetracht gezogen werden müssen, wenn man mit Erfolg Übersetzungen zur Kritik resp. Rekonstruktion des Urtextes benutzen will, und wendet diese Sätze dann auf vier verschiedene griechische Texte an. Die für seinen Zweck wichtigste und ergiebigste der vier Übertragungen ist die der Schrift II περί κόσμου, da der Übersetzer sich an das Wort gehalten und mit gutem Verständnis der griechischen, wie des Genius seiner eigenen Sprache gearbeitet hat; die anderen Übersetzungen sind freier, daher die Schlüsse aus ihnen auf die zugrunde liegenden Texte unsicherer. Der Verf. geht bei seinen Aufstellungen überall mit grofser Besonnenheit und Umsicht zu Werke, vermeidet sorgfältig alle gewagten Konjekturen und gibt überall genaue Übertragungen des syrischen Ausdruckes, so dafs sich jeder hinsichtlich der Resultate dieser Untersuchungen ein selbständiges Urteil bilden kann. — *Merkel.*

217. *Holzmann, Adolf.* Über das alte indische Epos. 25 S. 8⁰. Grofsherzogl. Pro- und Realgymn. zu Durlach. 531.

Verf. sucht, nachdem er durch Vergleich mit germanischen Mythen und Gebräuchen dem Sagenstoffe des Mahabharata ein sehr hohes Alter vindiziert hat, nachzuweisen, dafs in der älteren Bearbeitung die Helden dieses Epos trefflich charakterisiert werden, wie auch die Gruppierung künstlerische Übung und Absicht verrate; wir seien daher berechtigt einen begabten Dichter als Redaktor dieser Form vorauszusetzen. In der überlieferten Gestalt des Gedichtes aber werden die Charaktere der Personen geradezu umgekehrt. Als Grund dieser Erscheinung erkennt Verf. eine religiöse Umwälzung und führt aus, dafs die Abfassung der älteren, künstlerischen Form des Mahabharata in die frühe Zeit des Buddhismus fallen müsse. Das gewaltsame Vordringen des regenerierten Brahmanismus habe dann die tendenziöse Umgestaltung der Helden bewirkt. Über diese dritte Periode der Dichtung (ca. 700—1300) werden weitere Untersuchungen in Aussicht gestellt. — Den Schlufs der Abhandlung bilden zahlreiche erläuternde Anmerkungen. — *J. K.*

218. *Führer, Anton.* Über den lesbischen Dialekt. 24 S. 4⁰. Laurentianum zu Arnsberg. 295.

Verf. gibt nach einer Einleitung über die Quellen des lesbischen Dialekts und die vereinzelten Spuren desselben bei den Dichtern, eine besonders auf dem inschriftlichen Material basierende Darstellung der Formenlehre dieser

Mundart. Durch die inzwischen erschienene Neubearbeitung des Ahrens'schen Werkes jedoch (Band I) ist Führer's Abhandlung entbehrlich geworden, und zwar um so mehr, als sie keine neuen Erklärungen für dialektische Eigentümlichkeiten bietet. — *Pieper*.

219. *Schults, A.* Die Aktorionensage in ihrer Verflechtung mit andern Sagen dargestellt. 26 S. 4°. Gymn. zu Hirschberg. 158.

Die Sage von den doppelgestalteten Söhnen des elischen Königs Aktor, den „Molionen" Eurytos und Kteatos, ist sehr verschieden erklärt worden. Verf. geht diesen Namen in den Heroengenealogieen verschiedener Landschaften Griechenland's nach und erkennt in ihnen Reste einer von den thessalischen Aeolern bis nach Messenien verbreiteten Stammsage. Der Name Molionen bedeutet Kämpfer ($\mu o\lambda$-), der Vergleich mit den Dioskuren ist nur eine selbständige Erfindung des Ibykos. — *Bolte*.

220. *Biedermann.* Der Delphin in der dichtenden und bildenden Phantasie der Griechen und Römer. 26 S. 4°. Stadtgymn. zu Halle a/S. 199.

Verf. zeigt, dafs die Nachrichten der Alten, welche den Delphin als klug und menschenfreundlich schildern, aus deren lebhafter Einbildungskraft und ihrer Neigung den Tieren menschliche Motive unterzulegen entsprungen sind. In den mythologischen Anschauungen tritt der Delphin vor allem in Beziehung zum Meerbeherrscher Poseidon, dann auch zu Apollon; später haben sich aus den Göttergestalten die Heroen Delphos, Taras, Phalanthos, Arion, Koiranos abgelöst, von denen dorische und ionische Sagen erzählen, während die Märchen von dem schönen Knaben, den ein Delphin liebt und nach seinem Tode betrauert, als Überbleibsel von dem korinthischen mit phönikischen Elementen versetzten Mythos des Melikertes angesehen werden. Der 2. Abschnitt enthält einen Überblick über die Delphindarstellungen auf antiken Werken der Plastik, Wandgemälden, Vasen und Münzen. — *Bolte*.

221. *Engel, Jacob.* Der Tod im Glauben indogermanischer Völker. 21 S. 4°. Realsch. I. O. zu Stralsund. 121.

Es werden zunächst drei Seiten des Todes, die destruktive, die psychopompische und die rezeptive, unterschieden, von denen jedoch nur die beiden ersten im vorliegenden Progr. behandelt sind. Der Begriff der Todesgottheit entwickelt sich aus dem der Wolke und Finsternis; in den Wolken wohnen Frauen, die den Lebensfaden spinnen. Die kämpfenden und zerstörenden Phänomene der Natur bewirkten, dafs man den Todesgottheiten kriegerische Attribute beilegte und Gottheiten als Jäger darstellte. Zumteil auf biblischer Grundlage beruhen dagegen die Bilder des Schnitters, Gärtners und Bräutigams, welcher letztere bereits zum Begriffe des Todes als Seelengeleiters hinüberführt. Personificationen dieses sind Hermes, die Walkyren, die Engel. Im Mittelalter wurde der einfache Bote zum fahrenden Spielmann, erst in den späteren Totentänzen finden wir ihn als Knochenmann. Euphemistisch wird der Tod „Gevatter und Freund Hein" genannt. Andere Bilder des seelengeleitenden Gottes sind der Reiter, das Rind, der Hirsch, der Wolf, der Schwan. Das Schiff endlich, welches die Seelen über den Totenflufs führt, ist ebenfalls eine Symbolisierung der Wolke, zu der die

Gestalt des Führmanns als Seelengeleiters gefügt wurde. (Der „fliegende Holländer" wird gelegentlich von Holland — Land der Hel, Holla abgeleitet). Verf. citiert dabei die wichtigsten einschlägigen Sagen, ohne Vollständigkeit zu beabsichtigen. Doch wären genaue Quellenangaben immerhin wünschenswert gewesen. — *J. K.*

222. *Bindseil, Th.* Die antiken Gräber Italien's. Erster Teil. Die Gräber der Etrusker. 52 S. 4°. Gymn. zu Schneidemühl. 134.

Verf. bespricht aufgrund neuerer Forschungen und eigner Anschauung die weite Verbreitung der etruskischen Gräber, ihre Lage und ihre verschiedene Bauart, besonders das der Tarquinii bei Cervetri, der Caecinae bei Volterra, der Volumnii bei Perugia und das sagenhafte aus Plinius bekannte des Porsena. Daran schliefsen sich Bemerkungen über die Art der Beisetzung und die künstlerische Ausschmückung durch Wandgemälde und Reliefs, welche teils das Walten der Todesdämonen, teils griechische Heroensagen, teils Kampfspiele und Bankettscenen vorführen. — *Bolte.*

223. *Schmeifser, Georg.* Die Etruskische Disciplin vom Bundesgenossenkrieg bis zum Untergange des Heidentums. 37 S. 8°. Ritterakademie zu Liegnitz. 165.

Zu dem wenig angebauten Forschungsgebiet über Etruskische Disciplin hat Verf. schon vor zehn Jahren in seiner Inauguraldissertation "Quaestionum de Etrusca disciplina particula" Breslau 1872 einen sehr wertvollen Beitrag geliefert. Nachdem er in die vorliegende Abhandlung die Resultate jener Dissertation (Forschungen über Tarquitius Priscus, P. Nigidius Figulus, A. Caecina, Cicero's de divinatione u. s. w.) rekapituliert hat, zeigt er, wie die Haruspicie sich unter den Kaisern mit chaldäischer Astrologie, mit stoischer Philosophie, Neuplatonismus, jüdischem Gnosticismus und anderen Doktrinen verquickte, und welche Beachtung oder Geringschätzung ihr die einzelnen Kaiser bis zum Siege des Christentums bezeigt haben. Von Schriftstellern über die Disciplin werden Julius Aquila und Umbricius Melior, der Hof-Haruspex Galba's, besprochen. Nebenbei bringt der Verf. noch einige Textveränderungen gelegentlich in Vorschlag, von denen besonders die in den Anm. 64, 97, 157 und 164 Beachtung verdienen. — *Sch.*

224. *Urralek, J.* Zur Erklärung des Isis-Cultus in Österreich. 11 S. 8°. Nied.-Österr. Landes-Realgymn. zu Stockerau.

Den Inhalt der Arbeit deuten die einleitenden Worte an. Sie „soll ein Versuch sein den Spuren nachzugehen, die auf das Vorhandensein des Isis-Cultus in Österreich einen Schlufs erlauben. Aufgrund dieser Andeutungen" will der Verf. „nachweisen: 1. dafs der Isiskult in Ö. bekannt war; 2. dafs derselbe vom Christentume verdrängt wurde, obgleich noch manche Form an ihn zu erinnern scheint; 3. dafs hierzulande auch noch heute Namen vorkommen, welche an die Isis anklingen." — *Kl.*

225. *Knobloch.* Das römische Lehrgedicht bis zum Ende der Republik. Klosterschule zu Rofsleben. 210.

226. *Pellengahr.* Die Chronologie der Römer. Gymn. zu Rheine. 312.

227. *Hahn, H..* Die geographischen Kenntnisse der älteren griechischen Epiker. Teil II. 16 S. 4°. Gymn. zu Benthen O.-S. 143.

Verf. hat in einem früheren Progr. die Vorstellungen der Dichter der Ilias über die westlichen und nördlichen Länder erörtert. Hier wendet er sich zu dem Osten des Ägäischen Meeres und sucht die wirklichen geographischen Kenntnisse von den Gebilden der dichterischen Phantasie und dem Gebiete der Sage zu scheiden. Das letztere beginnt in Kleinasien, östlich von Paphlagonien und Lykien, während im Süden die Kunde bis zum ägyptischen Theben reicht. In der Odyssee hat die geographische Kenntnis nur geringe Erweiterung erfahren, und zwar durch einige Namen aus Mittelgriechenland sowie durch nähere Berichte von Kreta, Phönicien und Ägypten. — *Bolte.*

228. *Müller, Rob.* Die geographische Tafel nach den Angaben Herodot's mit Berücksichtigung seiner Vorgänger. (Mit einer Karte). 24 S. 8°. K. K. Oberreal-Gymn. in Reichenberg.

Die Frage, wie Herodot sich die Gestalt der Erde und ihrer Länder gedacht, und welche Fortschritte die geogr. Wissenschaft durch ihn gemacht hat, wird mit steter Berücksichtigung seiner Vorgänger, insbesondere des Hekataeos und Demokritos, genau behandelt. Zu verwundern ist, dafs dem mit der Litteratur sonst wohl vertrauten Verf. H. Kiepert's schon 1878 erschienenes Lehrbuch der alten Geographie unbekannt geblieben zu sein scheint. — *Sch.*

229. *Stange.* Über die Bestimmung der Himmelsrichtungen bei den römischen Prosaikern. 15 S. 4°. Gymn. zu Friedland (Mecklb.-Strel.). 571.

Verf. dieser sehr interessanten und mühevollen Arbeit bemerkt, dafs sich nur selten Angaben von Himmelsgegenden zur Bestimmung der Lage eines Ortes finden, und weist dies nach, indem er die Verwendung aller dahin gehörenden Ausdrücke einzeln bespricht. Als geographische Bezeichnung kommen oriens und occidens erst von Cicero an (noch nicht bei Cato, Caesar, Varro) vor, während dies später ungemein häufig der Fall ist. — Von p. 9 an führt der Verf. die grammatischen Verbindungen an, in denen oriens, occidens etc. vorkommen. Vgl. die philol. Rundschau 1881, No. 46. — *Harder.*

230. *Kwicki, Konrad.* De Phaeacis cum Alcibiade testularum contentione. 24 S. 4°. K. kath. Gymn. zu Glatz. 153.

Eine weitläufige und komplizierte Untersuchung über den letzten Ostracismus in Athen, dem der Demagog Hyperbolus im Jahre 415 unterlag. — *Peters.*

231. *Wesel, Ernst.* De opificio opificibusque apud veteres Romanos pars prima 32 S. 4° K. Friedrich-Wilh.-Gymn. zu Berlin. No. 47.

Da über das Handwerk bei den Römern aufser Drumann's Schrift keine zusammenhangende Arbeit existiert, diese aber in mancher Beziehung nicht ausreicht, so kommt die vorliegende Arbeit einem wirklichen Bedürfnis entgegen.

Leider veranlafste beschränkter Raum den Verf. bereits mit Numa abzuschliefsen. In cap. I werden die einzelnen Handwerke in chronologischer Folge aufgrund sprachwissenschaftlicher Forschung aufgeführt; cap. II behandelt die Einsetzung von Innungen. Vergl. die philol. Rundschau 1882 No. 13. — *Harder.*

232. *Binder, Julius.* Die Bergwerke im römischen Staatshaushalte. II. 35 S. Staats-Ober-Realsch. in Laibach.

Verf., welcher im Programm derselben Anstalt von 1880 (vergl. C.-O. X. p. 178) die Frage nach den Eigentumsverhältnissen der Bergwerke des römischen Reiches behandelt hat, stellt in der vorliegenden Arbeit zusammen, was sich über die Verwaltung derselben ausmachen läfst. Privatbergwerke waren frei von Grundsteuern und zahlten höchstens Einkommen- oder Gewerbesteuer. — Die Staatsbergwerke wurden lange direkt oder indirekt verpachtet. Von Augustus bis Diocletianus suchte der kaiserliche Fiscus alle Werke in seinen Besitz zu bringen; das System schwankte zwischen Verpachtung und Selbstbetrieb; letzterer fand namentlich in Stein- und Marmorbrüchen statt. Nach Constantinus gab der Fiscus dies Monopol allmählich wieder auf, und die Privatbesitzer zahlten von dem Ertrage eine Quote. —, Verwaltet wurden die Bergwerke durch procuratores und subprocuratores, denen ein Bureau von Rechnungsbeamten und Schreibern zur Verfügung stand. Die Arbeiter waren entweder die Provinzialen selbst, oder es wurden gewisse im Bergbau besonders tüchtige Volksstämme in Bergwerksgegenden verpflanzt (z. B. die Pirustae nach Dacien); auch Soldaten verwendete man dazu, desgl. Verbrecher.

Den Anhang bildet eine ausführliche Besprechung des 1876 bei Aljustrel in Portugal gefundenen Gesetzes von Vipasca. — *Harder.*

233. *Wokač, A.* Der römische Lustgarten, ein Beitrag zur Untersuchung über den Natursinn der Römer. 22 S. 8°. K. K. Staats-Ober-Gymn. in Leitmeritz.

Die Arbeit bietet in eleganter und lichtvoller Darstellung, auf umfassende Kenntnis der alten und neueren Quellenschriftsteller gestützt, ein klares Bild der Entwickelung der römischen Gartenbaukunst und kommt zu dem Schlufs: „Obwohl dieser (römische) Garten neben der Bequemlichkeit nur die Schönheit seiner Form(!) bezweckt und durch keinerlei künstliche Motive Gedanken, Empfindungen, Gefühle erwecken will (!), die man in den modernen Garten hineinzulegen (!) versucht, so kann er dennoch als ein wertvolles Zeugnis für ein bereits intensiv entwickeltes Naturgefühl betrachtet werden." — *Kleiber.*

234. *Maionica, H.* Aquileja zur Römerzeit. (Mit einer Tafel). 30 S. 8°. K. K. Staats-Gymn. in Görz.

Auf Grundlage der von Mommsen gesammelten aquilejischen Inschriften (Corp. Inscr. L. vol. V p. 78—163 und p. 1023—1032) und mit vollständiger Benutzung des sonst noch in der Litteratur vorhandenen Materials gibt Verf. die Geschichte Aquileja's von dessen Gründung (573/181) bis zur Zerstörung der Stadt durch die Hunnen im Jahre 452. Ursprünglich angelegt zum

Schutz Italien's, ward sie allmählich der Stützpunkt aller militärischen Operationen nach Norden und später der Vorort der Romanisierung sämtlicher Donauländer, womit ihr Aufschwung zur gröfsten Handelsstadt des Occidents zusammenhängt. Durch die Markomannen und Quaden noch wenig geschädigt, ward sie erst durch die Bürgerkriege der Söhne und Nachfolger Constantin's empfindlich geschwächt, dann aber in der Völkerwanderung und namentlich durch Attila's wilde Schaaren gänzlich gebrochen.

In die Erzählung eingeflochten ist eine sehr sorgfältige Übersicht der politischen Behörden und der religiösen Korporationen der Stadt, wobei Verf. gegen Mommsen nachweist, dafs auch Quästoren dagewesen seien. p. 7 vermissen wir die C. I. L. I sub V. 538 abgedruckte Inschrift, die den Namen des einen der triumviri Aquileiae coloniae deducendae, des L. Manlius L. F. Acidinus, enthält. Beigefügt ist der Abhandlung eine Tafel, welche sowohl als Bild des heutigen Aquileia und der nächstliegenden Ortschaften, als auch als Situationsplan der bereits ausgeführten Ausgrabungen dienen soll. Die Eintragungen sind erfolgt aufgrund der bisher unedierten, in der Biblioteca Bertolini zu Udine befindlichen Pläne der Aquilejischen Ausgrabungen, welche von dem Maler Leopoldo Zuccolo im Auftrage des damaligen Vicekönigs Eugen Beauharnais 1807—13 entworfen worden sind. — *S-t.*

235. *Hartung*, K. Lateinische Sprichwörter. 12 S. 4°. Realsch. I. O. zu Sprottau. 187.

Nachdem Verf. bereits im Sprottauer Programm von 1871 über die lateinischen Sprichwörter gehandelt und dort die am häufigsten vorkommenden sogenannten populären Sprichwörter aufgezählt hat, wird in der vorliegenden Abhandlung eine Reihe litterarischer, nebst Belegstellen und Erklärung, vorgeführt. Die Sprichwörter sind nach den Autoren, von Ennius bis zu den Pandekten, geordnet. An diese schliefst Verf. eine Reihe von Sprichwörtern, die entweder aus dem Griechischen übertragen oder von Poeten des Mittelalters, oft unter Zugrundelegung eines deutschen Sprichwortes, gebildet worden sind. Büchmann's „Geflügelte Worte" sind offenbar fleifsig benutzt; andere gelehrte Vorarbeiten nennt Verf. nicht oder kennt sie nicht, z. B. Johannes Schneider's Inauguraldissertation: De proverbiis Plautinis Terentianisque, Berol. 1878, aus welcher er seinen Stoff bereichert und seine Aufzählungen vor mancherlei Ungenauem und Unrichtigem bewahrt haben würde. Warum z. B. wird das Terentianische Fortis fortuna adiuvat (Phormio I, 4, 25) erst nebenbei unter Ovid Fast. II, 780 genannt? Das Sprichwort bei Cic. Phil. II, 27, 65 Male parta male dilabuntur ist nach Festus naevianisch. Bei ubi amici, ibi opes, Quintilian V, 11, 41, vermissen wir einen Hinweis auf Plaut. Truc. IV, 4, 32, wo mit Lambin zu lesen ist: Verumst verbum, quod memoratur, ubi amici, esse ibidem opes. Zu montes auri polliceri (Ter. Phorm. I, 2, 18) sollte Friedländer Sittengesch. I. p. 474, 5. Aufl. verglichen werden, der über die Entstehung des Sprichwortes handelt. Warum schliefslich ist das auf der äsopischen Fabel von den zwei Säcken beruhende Sprichwort (aus Catull c. 22 am Ende) ganz übergangen? — *S-t.*

236. *Kohlmann.* Über das Verhältnis der Tempora des lateinischen Verbums zu denen des griechischen. 51 S. 4°. K. Gymn. zu Eisleben. 195.

Die Abhandlung enthält den Versuch ein wichtiges Kapitel der Syntax, die Lehre von der Bedeutung der Tempora, innerhalb der griechischen und lateinischen Sprache einer vergleichenden Betrachtung zu unterziehen und insbesondere das Wesen des Aorist und seines Verhältnisses zum Perfect zu erklären. — *Fredericks.*

237. *Wilhelmi.* De modo irreali qui vocatur. Gymn. zu Marburg. 339.

238. *Kummerer, J. K.* Zum Gebrauche des griechischen Imperativus Aoristi. 10 S. 8°. K. K. zweites deutsches Obergymn. zu Brünn.

Bei der Zeitbestimmung des Aorist, sagt der Verf., dürfe man nicht einseitig vom Indikativ ausgehen, sondern müsse auch auf die übrigen Modi und die Verbalnomina Rücksicht nehmen; alsdann ergebe sich, wie man besonders aus dem Infinitiv erkennen könne, dafs jenes Tempus, im Gegensatze zu den bestimmten Zeiten, der Gegenwart, Vergangenheit und Zukunft, einfach den momentanen, dauerlosen Eintritt der Handlung ausdrücke. Demgemäfs bezeichne der Imperativ Aoristi die Forderung, dafs eine für den Eintritt bestimmte (zukünftige) Handlung in die Wirklichkeit trete, und sei eng verwandt mit dem imperativisch gebrauchten Futurum.

Die Abhandlung bildet die Fortsetzung und teilweise eine Berichtigung zweier früheren Programm-Aufsätze (K. K. Real- und Obergymn. zu Brünn, 1876, und K. K. II. deutsches Staatsgymn. daselbst, 1879) über den Gebrauch des Konjunktiv und Optativ Aoristi. — *Pieper.*

239. *Venediger, Carl.* Aus der Schule für die Schüler. 1. Zur griechischen Syntax. 41 S. 8°. Gymn. zu Spandau. 74.

Verf. scheint die Absicht gehabt zu haben durch Darbietung eines geeigneten Memorierstoffes den Schülern die Erlernung der griechischen Syntax, deren Darstellung bekanntlich selbst in den verbreitetsten Lehrbüchern an grofsen Mängeln leidet, möglichst zu erleichtern. Darum hat er aus Krüger's und Kühner's Grammatiken unter Hinweis auf deren Paragraphen Verba und Nomina mit ihren Konstruktionen zusammengestellt und oft in eine Art von Versregel vereinigt. Doch fehlt die gebührende Mafshaltung, und das Gebotene ist als Memorierstoff viel zu umfangreich und kompliziert. — *Peters.*

240. *Spiefs, F.* Der griechische Unterricht in Quarta. 24 S. 4°. Fürstenschule zu Plefs O|S. 172.

Der erste Teil enthält allgemeine methodische Grundsätze für den griechischen Unterricht in Quarta. Verf. bestimmt zunächst das Unterrichtsziel und das Pensum, teilt dann die Grundsätze für die Anordnung desselben mit und bespricht ausführlicher die Aneignung des Vokabelschatzes und die praktische Verwendung des Lernstoffes. Im zweiten Teile wird eine detaillierte Anweisung gegeben, wie 1) die I. und II. Deklination, 2) die III. Deklination, 3) Adjektiva und Comparation, 4) Zahlwörter und Pronomina und 5) Verbum purum zu behandeln sind. — *Fchr.*

241. *Lorenz.* Der griechische Unterricht in Untersekunda. 27 S. 4°. Gymn. zu Öls. 168.

Ausgehend von der Bedeutung der einzelnen Lehrfächer für die Ausbildung des Schülers weist Verf. dem grammatischen Unterricht in den alten Sprachen für die geistige Schulung den ersten Platz an und hält es für notwendig die Methode dieses Unterrichts teils zu vereinfachen teils zu vervollkommnen. Diese Aufgabe zu lösen will er beitragen, indem er einzelne Kapitel aus dem grammatischen Pensum des Griechischen in Untersekunda, Accentlehre, Deklination, Korrelativ-Pronomina und Adverbia, Konjugation und Kasuslehre in neuer übersichtlicher Form behandelt. Dann folgen eine Anzahl Stücke zum Übersetzen aus dem Deutschen ins Griechische mit Anschlufs an Herodot und Xenophon's Hellenika. Zum Schlufs werden einzelne Regeln aus der Moduslehre gegeben. — *Fechr.*

242. *Schimmelpfeng, G.* Die griechische Lektüre in Prima. 48 S. 4°. K. Klosterschule zu Ilfeld. 267.

In dieser, vom Hauche idealer, klassischer Gesinnung durchwehten Schrift wird die Auswahl und die Behandlung der griech. Lektüre in Prima einer eingehenden, ungemein anregenden Besprechung unterzogen. — Der ganz zu lesenden Ilias soll eine litterarhistorische Einleitung vorangeschickt werden (p. 11 ff. beachtenswerte Bemerkungen über die Besprechung des Versbaues, der poet. Figuren, der syntaktischen Verhältnisse, des hom. Wortschatzes und der Citate aus Homer); Sophokles ist, mit Ausschlufs der Trachinierinnen, teils in der Klasse teils privatim ganz zu lesen; von Euripides eignen sich Alkeste, Hekuba, Herakleiden, Bakchen, Hippolyt, die Iphigenien, Medea und die Phoenissen zur Privatlektüre. Auf Aristophanes und die Lyriker mufs man verzichten. Von den Prosaikern sind Thukydides, besonders VI und VII, Platon (Protagoras, Gorgias, Abschnitte der Politie; Phaedo? Euthyphro, Laches, Charmides, Alc. I; nicht Symposion und Euthydem) und Demosthenes (aufser den kleinen pol. Reden besonders die Kranzrede mit gewissen Auslassungen) gründlich zu traktieren. Alle Vorschläge werden eingehend begründet und durch eine Fülle trefflicher Anleitungen vervollständigt. — *Harder.*

243. *Schmieder, Paul.* Über die Lektüre von Platon's Politeia in Gymnasialprima. 16 S. 4°. K. Hennebergisches Gymn. zu Schleusingen. 213.

Verf. empfiehlt die Lektüre der Politeia, weil „dem Schüler hier unzuträgliche Hilfsmittel fehlen", weil „der Jüngling, indem er neben die christliche Welt- und Lebensanschauung eine in der vorchristlichen Zeit entwickelte treten sieht, durch Vergleichung zum ernsten Nachdenken angeregt wird", und weil „diese Bücher vieles enthalten, was den Schüler in Kenntnis und Verständnis historischer und litterarischer Erscheinungen fördert."

'Er teilt die Pol. in sechs Abschnitte, I, II—IV, V—VI 14, VI 15—VII 18, VIII—IX, X. Der Grundgedanke des ganzen Werkes soll vom Lehrer gegeben und irgend ein gröfserer Abschnitt gelesen werden. Eine kurze Inhaltsangabe der Pol. mit eingestreuten Rechtfertigungen Pl.'s bildet den Schlufs. — *Burchardt.*

244. *Schneider, H.* Ist Xenophon's Kyropädie an unseren Gymnasien geeignet? 22 S. 4°. Gymn. zu Pforzheim. 527.

Verf. empfiehlt die Aufnahme der Kyropädie in den Kanon der griechischen Schullektüre mit warmen Worten, weil diese Schrift sowohl litterarhistorisch bedeutend als sittlich bildend sei. — *Peters.*

245. *Steiner, Joseph.* Über Ziel, Auswahl und Einrichtung der Horaz-Lektüre. 22 S. 4°. Mariahilfer Kommunal-Real- und Obergymn. zu Wien.

Ziel der Horazlektüre ist: den Schülern „zum Zweck ihrer ästhetisch-ethischen Bildung" den „Kern der dichterischen Persönlichkeit des Horaz zu erschliefsen". Die Auswahl wird quantitativ durch die dem Gegenstande zugemessene Zeit, qualitativ durch den Grundsatz bestimmt den Schülern „nur das Wertvollste, Wichtigste und — Reinste" zu bieten. Zu diesem Zwecke sind einzelne Gedichte „in einen inneren, aus ihrem Ideengehalte entspringenden, organischen Zusammenhang zu bringen", nicht aber nach der Form oder chronologisch oder nach irgend welchen „starren Kategorieen" zu ordnen und zu behandeln. — *Fschr.*

246. *Müller.* Zur Konkordanz lateinischer und deutscher Metaphern. 12 S. 4°. Herzogl. Ludwigs-Gymn. zu Köthen. 590.

Von den Metaphern, in welchen die genannten Sprachen übereinstimmen, werden von dem Verf. in 5 Abschnitten 1) diejenigen behandelt, welche unter den Begriff „Wind, Luft, Hauch" und dergl. fallen, 2) die von den Begriffen „Licht und Schatten", 3) die von Feuer, Glut, Hitze u. ä., 4) die von Fliefsen, Strömen u. s. w., 5) die vom Säen, Wachsen, Blühen u. dergl. hergenommenen. — *Peters.*

247. *Knoke, Fr.* Über hic und nunc in der oratio obliqua. 11 S. 4°. Herzogl. Karls-Gymn. zu Bernburg. 589.

Verf. zeigt, dafs die in unseren lateinischen Grammatiken aufgestellte syntaktische Regel, das Pronomen hic und das Adverb nunc dürften in der oratio obliqua nicht vorkommen, sondern müfsten in ille, bez. in tum, verwandelt werden, nicht aufrecht erhalten werden kann. Um nicht zu ermüden, beschränkt er sich in seinem Nachweise auf Caesar's 7 Bücher De bello Gallico und auf das Bellum civile. Durch viele Beispiele wird gezeigt, dafs der Gebrauch von hic und nunc ein völlig unbeschränkter ist, sowie, dafs Caesar an keiner einzigen Stelle des B. G. hic und nunc in der oratio obliqua durch ille oder tum ersetzt hat. Ebenso wenig findet sich hic irgendwo in is verwandelt. Was vom B. G. gilt, läfst sich auch vom Bell. civ. nachweisen. Ein vereinzeltes Beispiel, das eine offenbare Abweichung vom sonstigen Sprachgebrauch Caesar's aufweist (B. c. I, 7, 5), unterzieht Verf. einer eingehenden Untersuchung. — *Fschr.*

248. *Schmidt.* Der lateinische Unterricht in Sexta. 33 S. 4°. Städtische Realsch. I. O. zu Borna. 477.

Die als berechtigt anerkannte Forderung „Gehe vom Konkreten zum Abstrakten, von der Vorstellung zum Begriff", meint Verf., werde im lateinischen Elementarunterrichte nicht befolgt. Auch bleibe Perthes auf halbem Wege stehen, indem er in seinem Lesebuche für Sexta das sprachliche

Material nicht an zusammenhangenden Stücken, sondern an einzelnen Sätzen gewinnen lassen wolle. Diesen Ausführungen läfst Verf. 70 kurze lateinische Lesestücke (Fabeln, Erzählungen, Gespräche) folgen, von denen seiner Ansicht nach in Sexta ausgegangen werden kann, weil Formenlehre und Vokabular aus ihnen zu entnehmen sind. Verf. unterscheidet sich in seinen Forderungen von Perthes hauptsächlich dadurch, dafs er die Selbstthätigkeit des Schülers in höherem Grade inanspruch nehmen will als dieser. — *Fechr.*

249. *Mohr, W.* Das lateinische Verbum in Sexta. 25 S. 4°. Grofsherzogl. Gymn. zu Bensheim. 543.

Verf. will die Resultate der Sprachwissenschaft für die Einübung des lateinischen Verbums in Sexta nutzbar machen; der Versuch ist aber als mifslungen zu betrachten, da das Verständnis bei einem Sextaner nach der hier vorgeschlagenen Methode kaum gefördert, demselben vielmehr nur neues Gedächtnismaterial zugeführt wird. — *Peters.*

250. *Roder.* Über die Bedeutung des sogen. Stammprinzips für den Elementarunterricht in der lateinischen Formenlehre. 13 S. 4°. Progymn. zu Siegburg. 397.

Verf. will die Resultate der vergleichenden Sprachwissenschaft auch für den lateinischen Elementarunterricht verwertet wissen und zeigt, wie dies bei der Behandlung der Deklination geschehen könne. — *Fechr.*

251. *Richter, G.* Der lateinische Elementarunterricht und die Perthes'schen Bücher an unserer Anstalt. 30 S. 4°. Gymn. Carolo-Alexandrinum zu Jena. 586.

Theoretische Erwägungen ebenso wie Erfahrungen der Schulpraxis fordern nach des Verf. Ansicht eine durchgreifende Reform des lateinischen Elementarunterrichtes nach den in den Perthes'schen Büchern niedergelegten Grundsätzen. Die Prinzipien, auf denen dieser Reformversuch beruht, sind wissenschaftlich noch nicht widerlegt; wohl aber ist mit ihm an der vom Verf. geleiteten Anstalt in Sexta und Quinta ein praktischer Versuch gemacht, bei welchem nach vorliegendem Berichte die Perthes'sche Methode sich bewährt hat. — *Fechr.*

252. *Heinacker, Max.* Was ergibt sich aus dem Sprachgebrauch Caesar's im Bellum Gallicum für die Behandlung der lateinischen Syntax in der Schule? 87 S. 4°. Gymn. zu Norden. 271.

Im Anschlufs an den Ausspruch der sächsischen Direktoren-Konferenz beantwortet Hr. H. die Frage nach den Hauptregeln der Syntax für Quarta und Tertia durch genaueste Zahlenstatistik der syntaktischen Konstruktionen im Bellum Gallicum (pag. 7—18), von denen er mehrere (z. B. den Ablativ, die consec. tempp., den Konjunktiv) ausführlich behandelt. In pädagogischer Beziehung hebt er die Wichtigkeit des zu verschärfenden Auswendiglernens von Vokabeln hervor. — *Schultze.*

253. *Süss, Franz.* Zweck und Methode des altsprachlichen Unterrichts am Gymnasium. 44 S. 8°. Landes-Real- und Obergymn. und O.-Realsch. in St. Pölten.

S. 1—18 begründet Verf. die Berechtigung der klassischen Sprachen neben Mathematik und Naturwissenschaften für die Schule ausschliefslich damit, dafs es wesentliches Merkmal der höheren allgemeinen Bildung sei die Gegenwart aus der Vergangenheit zu verstehen, was ohne Latein und Griechisch für das Altertum unmöglich sei. Sei aber Kenntnis der alten Sprachen die Grundbedingung der höh. allg. Bildung, so müfsten sie auch die Vorbereitung abgeben für das Universitätsstudium überhaupt. Ziel aber müsse sein, dafs die sprachliche Seite der alten Autoren keine Schwierigkeit von Belang mehr biete.

Der zweite Teil der Arbeit handelt von der Methode des Unterrichts. Die analytische Methode, wie sie bes. Perthes vertritt, wird kritisiert und ihr Wert auf Syntax, Stilistik und Synonymik beschränkt. Von p. 25—42 wird eine Darstellung des anfänglichen Lateinunterrichts gegeben, wie sie Verf. wünscht und übt. Er beginnt mit der ersten Konjugation und absolviert auch das Passivum, ehe zu den Deklinationen gegangen wird, um möglichst bald Sätze aus dem Aktiv ins Passiv zu verwandeln und umgekehrt. Übersetzungen aus dem Deutschen ins Latein werden nur in der Schule vorgenommen. In der Formenlehre wie im Vokabellernen soll von bereits Gewufstem ausgegangen werden, wie anno, loco, Mariä Geburt etc. Statt schriftlicher Übersetzungen ins Deutsche werden Inhaltsangaben, Übertragungen aus der direkten Rede in die indirekte und Ähnliches geliefert. Um das dringend empfohlene Lateinsprechen vorzubereiten, sollen schon früh und fleifsig Umbildungen lateinischer Sätze vorgenommen, lateinische Stücke auswendig gelernt und vorgetragen, leicht verständliche nicht übersetzt werden etc. Ohne Sprechen komme man nicht zum Schreiben, und dieses sei die Grundbedingung für volles Verständnis des Gelesenen. Für die Privatlektüre empfiehlt Verf. Schriftsteller, die zu einer Vergleichung mit den in der Schule gelesenen reizen. —

Für das Griechische wird wesentlich derselbe Gang empfohlen, indefs hier auf das Sprechen in der fremden Sprache, wie es scheint, verzichtet. — *Borchardt.*

254. *Schröer.* Nach welchem Prinzip ist die Syntax der lateinischen Sprache anzubauen? 15 S. 4°. Realsch. I. O. zu Perleberg. 89.

Die lateinische Sprache steht auf einer älteren Entwicklungsstufe als die unsrige. „Sie ist, da „bei Abwägung der Bildungskraft einer fremden Sprache für unsre Schulen nur die formale Seite inbetracht kommt", und da sie sich der Unterscheidung der Verhältnisse mehr als jede andere Sprache befleifsigt, hervorragend geeignet sprachliche Bildung zu fördern. Wenn aber diese Vorzüge des Lateinischen mit Erfolg ausgenutzt werden sollen, so ist ein Neuanfbau der Syntax nötig, bei welchem allein „die Verhältnisse" mafsgebend sind. An Stelle der Kasuslehre tritt in der neuen Syntax die „Verhältnislehre", in welcher die Prädikatsverhältnisse, vom Subjekt abgesehen, in folgender Weise gruppiert sind. I. Raumverhältnisse: a) Zielpunktverhältnis [Accusativ], b) Ausgangspunktverhältnis [Ablativ],

c) Ortsverhältnis [Lokativ]; II. geistige Beziehungen: a) Objektivität [1. Accusativ, 2. Dativ], b) Kausalität (1. Ablativ, 2. Genetiv], c) Modalität [Lokativ (Instrumentalis)].

In ähnlicher Weise werden die übrigen Teile der Syntax neu aufgebaut. Eine nach diesen Grundsätzen gearbeitete „rationelle" Syntax kann nach des Verf.'s Ansicht unbedenklich schon in den mittleren Klassen gebraucht werden. — *Fxchr.*

255. *Gnss.* Übungsstücke zum Übersetzen aus dem Deutschen in das Lateinische. (Für III A und II B). 31 S. 4°. K. sächs. Fürsten- und Landesschule zu Grimma. 467.

Die für den Privatgebrauch der Schüler bestimmten 42 Übungsstücke, welche zumteil dem griechischen Lesebuch entnommen sind, zumteil (19—42) die Heimkehr des Odysseus zum Gegenstand haben, scheinen sehr geeignet für die Einübung der Kasus- und Moduslehre, der Fragesätze und der Oratio obliqua. Die beigegebenen Anmerkungen sind dem Zwecke entsprechend und recht lehrreich. — *Peters.*

256. *Gidümarn.* Vorlagen zum Lateinschreiben in Prima. III. Gymn. zu Schleswig. 244.

257. *Eichner, Julius.* Vierzig Übersetzungsstücke ins Lateinische im Anschluss an die Lektüre für II und I. Voran geht ein Vorwort nebst zwei Abschnitten einer deutsch-lateinischen Stilistik. 45 S. 4°. Gymnas. zu Gnesen. 123.

Die Übersetzungsstücke lehnen sich an Cicero pro Milone, pro Ligario, pro Sulla, orator, de officiis I, de oratore und an Livius XXIII—XXV an und sollen, entsprechend den Forderungen der Unterrichtsverwaltung, als Extemporalien, welche dem Gebiete der Lektüre entnommen sind, dienen. — Der zur Behandlung gelangte Stoff der Stilistik ist nach folgenden Gesichtspunkten gruppiert: 1) Wann werden deutsche Sätze und Substantiva im Lateinischen nicht durch Sätze oder Substantiva wiedergegeben? 2) Wann sind statt der deutschen Sätze oder Substantiva im Lateinischen die Sätze oder Substantiva anders zu bilden oder zu wählen? 3) Wann tritt im Lateinischen ein Satz oder Substantiv ein, wo im Deutschen kein Satz oder Substantiv steht? — *Fxchr.*

258. *Fries, Wilhelm.* Das Memorieren im lateinischen Unterricht. 43 S. 4°. Grofsherzgl. Gymn. zu Eutin. 577.

Die Arbeit beginnt mit einer historischen Übersicht über die Stellung des Memorierens im lateinischen Unterricht und ergibt, dafs der Wert und Nutzen des Memorierens von berufensten Seiten anerkannt ist. Wenn aber diese Übung sich als eine wesentliche Ergänzung und als ein förderliches Hilfsmittel des lateinischen Unterrichts bewähren soll, so muís die Schule einen bestimmten Plan für sie entwerfen und durch alle Klassen verfolgen, wobei als Regel gilt, dafs der Memorierstoff selbst aus der jedesmaligen Klassenlektüre, wenigstens vorzugsweise aus dieser, zu entnehmen ist. Einen solchen Plan stellt Verf. in allgemeinen Grundzügen auf und bespricht ihn. Derselbe besteht aus Sentenzen, teils aus kurzen historischen Sätzen, teils aus zusammenhangenden Sätzen historischen und betrachtenden Inhalts. Für jede Klasse ist das Pensum genau fixiert. Die für die Klassen Sexta bis Tertia bestimmten Sentenzen sind nach gewissen Gesichtspunkten (Studium und Bildung, Weisheit und Irrtum, Glück und Unglück, Ehre und Ruhm, Tugend u. a. m.) geordnet. Wünschenswert ist, dafs jeder Schüler eine gedruckte Zusammenstellung des Lernstoffes besitze. — *Fschr.*

259. *Kaerber, W.* Über den Unterricht in lateinischer Prosodie und Metrik. 16 S. 4°. Gymn. zu Barmen. 365.

Die Arbeit zerfällt in einen allgemeinen Teil, welcher „Bedeutung des metrischen Unterrichts, Wert, Zweck und Umfang metrischer Übungen" überschrieben ist, und in einen besonderen: „Lehrplan und Methode des Unterrichts in lateinischer Prosodie und Metrik". Der metrische Unterricht auf dem Gymnasium hat die Aufgabe den Schüler für die rhythmischen Schönheiten der Dichterwerke des Altertums empfänglich zu machen. Dies ist nur möglich, wenn, auch ohne Anschlufs an die Lektüre, aufser dem Hexameter, das elegische Distichon, der iambische Trimeter, die (kleinere) sapphische, die alcaeische und die asklepiadeische Strophe auf den verschiedenen Stufen praktisch geübt werden. Nach diesen Ausführungen beantwortet Verf. die Frage, wie viel Zeit den metrischen Übungen vergönnt sei. Im zweiten Teile aber gibt er eine ausführliche Darlegung des Unterrichtsganges in den Klassen III B—I. — *Fchr.*

260. *Schmitz, Wilh.* Studien zur lateinischen Tachygraphie. 9 S. 4°. Kaiser Wilhelm-Gymn. zu Köln. 374.

Die Abhandlung, eine Fortsetzung zu der gleichbetitelten in dem Programm derselben Anstalt von 1880 und in dem Aufsatze „Das Verso des Fragments von Valenciennes" im 5. Bande von Böhmer's Romanischen Studien, zerfällt in drei nicht zusammenhangende Abschnitte. Im ersten wird untersucht, wodurch Goethe zu seiner gelegentlich ausgesprochenen geringschätzigen Bemerkung über die tironischen Noten veranlafst worden sein könne. Im zweiten Teile werden nach codex Reginensis 896, welcher in seiner zweiten Hälfte eine Anzahl vorwiegend in tironischen Noten geschriebener Abschnitte aus Kirchenschriftstellern enthält, einige Stücke veröffentlicht, und zwar der Text auf einer beigegebenen autographierten Tafel, während die Umschreibung und der sehr abweichende Vulgartext in der Abhandlung gegeben werden. Im dritten Abschnitt endlich wird ein bisher für verschollen gehaltenes Fragment des Notenlexicons als in Brüssel befindlich nachgewiesen und die Wichtigkeit desselben betont. Von beiden Handschriften stellt Verf. ausführliche Publikationen inaussicht. — *Pieper.*

261. *Fischer, E.* Bemerkungen über die Berücksichtigung der bildenden Kunst im Gymnasialunterricht. 24 S. 4°. Gymn. Adolfinum zu Moers. 389.

Aus der eigenen praktischen Erfahrung werden hier Beobachtungen und Vorschläge über die Stellung der bildenden Kunst im Schulunterricht gegeben, meist im Anschlufs an die von R. Menge vertretenen Ansichten, bisweilen ihn ergänzend oder widerlegend. Die Beschränkung, dafs die Kunst nur so weit herangezogen werde, wie sie zum Verständnis der in

Sekunda und Prima gelesenen Autoren, z. B. Cicero's 4. Verrine, erforderlich ist, wird anerkannt, die Auswahl der vorzuführenden Werke der Plastik und Baukunst näher bestimmt und als Ziel hingestellt: den Schülern nicht etwa einen Unterricht in der Kunstgeschichte zu liefern, sondern eine Propädeutik derselben durch Hinweisung auf die Kunstwerke selbst, ihre Gebärdensprache, Gewandung, Stellung und Gruppierung. — *Bolte.*

262. *Hocke, R.* F. A. Wolf's Briefe an Joh. Gurlitt. 10 S. 4°. Johanneum zu Hamburg. 629.

Aus dem Nachlasse des hochverdienten Direktors und Reorganisators des Hamburger Johanneums, J. Gurlitt's, werden fünf Briefe von F. A. Wolf mitgeteilt. Vier davon aus den Jahren 1807 und 1808 sind veranlafst durch den Wunsch Wolf's vermittelst einiger kurzer Artikel im Hamburger Correspondenten falschen Nachrichten entgegenzutreten, welche über seinen Weggang aus dem von französischen Truppen besetzten Halle und über die geplante Einrichtung der Berliner Universität verbreitet wurden. — *Bolte.*

F. Englisch, Französisch und andere moderne Sprachen.

263. *Hrastilek, Konrad.* Über Addison's Cato. 17 S. 8°. Landes-Realsch. zu Kremsier.

264. *Brunner, Hugo.* Über Aucassin und Nicolete. 31 S. 4°. Realsch. II. O. zu Cassel. 346.

Der Dichter von Aucassin und Nicolete war nach dem Verf. ein den niederen Schichten des Volkes entsprossener Spielmann, der im Anfang des 13. Jahrh. schrieb, dessen Jugendzeit aber noch in das 12. Jahrh. fällt. Ein Vergleich mit den von Edelestand du Méril gegebenen zwei Versionen von Floire und Blancefor sucht darzuthun, dafs die erste derselben das Modell für unsere Erzählung gewesen, dafs aber unser Dichter sein Vorbild weit übertroffen hat. In einem zweiten Abschnitt werden die verschiedenen Nachbildungen besprochen. Diese zerfallen in drei Klassen: sie benutzen entweder das Original, wie Ste.-Palaye etc., oder bearbeiten dessen Nachdichtung, wie Le Grand d'Aussy etc., oder legen Le Grand d'Aussy's Erzählung zugrunde, wie Feudal Period, Fabliaux Choisis etc. Nach den Fabliaux Choisis endlich dichtete Platen sein Schauspiel „Treue um Treue". — *E. Wetzel.*

265. *Němeček, August.* Beaumarchais' Figaro. Eine kultur- und litterarhistorische Studie. K. K. Staats-Oberrealsch. in Marburg a. D.

Schlufs der im Progr. 1880 enthaltenen Abhandlung. Auf eine Inhaltsangabe und Kritik des „Barbier von Sevilla" und der „Hochzeit des Figaro" folgt (Absch. IV) Würdigung der beiden Figarostücke im Hinblick auf das französische Lustspiel im 18. Jahrhundert und speziell im Verhältnis zu Molière, und (Absch. V) „Figaro, der letzte von den Dienern im Lustspiel". Auch diese beiden letzten Abschnitte beruhen, wie die ganze Arbeit, im wesentlichen auf dem ausgezeichneten Werk von de Leménie (vielleicht der besten Biographie in der ganzen französischen Litteratur), obgleich zu Abschnitt V einige weitere Belegstellen aus Molière, Plautus, Terenz, Aristophanes nach Übersetzungen angeführt sind. — *R. H.*

266. *Schäfer, J.* Boileau, l'art poétique, metrisch übersetzt, erklärt und mit Parallelstellen aus Horaz. 22 S. 4°. Gymn. zu Attendorn. 296.

Nach einigen einleitenden Bemerkungen über Boileau's Leben und Werke unter besonderer Berücksichtigung seines Werkes über die Dichtkunst gibt der Verf. eine metrische Übersetzung der vier Gesänge desselben im Versmafs des Originals. In den Anmerkungen sind hauptsächlich Parallelstellen aus Horaz, meist der Ars poetica entnommen, herangezogen. — *E. Wetzel.*

267. *Richter, Emanuel.* Die neunte Satire von Boileau. 41 S. 8°. Communal-Oberrealsch. im VI. Bezirke zu Wien.

Nachdem der Verf. den Zustand der französischen Litteratur zur Zeit des Dichters geschildert, zeigt er in Boileau den Reformator des damals herrschenden falschen Geschmackes und hebt besonders die neunte Satire als epochemachend in dieser Hinsicht hervor. Hierauf folgt eine Übersetzung dieses Stückes in Hexametern, in der jedoch Feinheiten verwischt sind, während andererseits oft nichtssagende Einschiebsel gemacht werden. Die beigefügten Erläuterungen haben für die Wissenschaft nur wenig Bedeutung, reiferen Schülern jedoch und gebildeten Laien läfst sich' die Abhandlung im allgemeinen empfehlen. — *J. K.*

268. *Wachenfeld, Gust.* Bossuet comparé à Fénelon. 20 S. 4°. Gymn. zu Hersfeld. 338.

Verf. vergleicht in acht Kapiteln die Lebensschicksale Fénelon's und Bossuet's, ihre Thätigkeit als Prediger und Bischöfe, ihren Einfluſs als theologische und philosophische Schriftsteller, ihre Erfolge als Erzieher, ihre politischen Ideen und Beziehungen zum Hofe und zu einander und schliefslich ihre Charaktere. — *E. Wetzel.*

269. *Reimann, A.* Boursault's Ésope à la ville. 15 S. 4°. Gymnas. zu Wohlau. 179.

Angeregt durch St. René Taillandier (Rev. des deux M. 1878) gibt Verf. zunächst eine kurze Lebensbeschreibung Boursault's und dann eine Analyse von derjenigen unter dessen Komödien, welche den gröſsten Erfolg errungen hat, nämlich „Les Fables d'Ésope ou Ésope à la ville". Daran schlieſst er einige Bemerkungen über die Gründe, denen das Stück seinen Erfolg verdankte. — *E. Wetzel.*

270. *Brendel, Franz.* André Chénier als Dichter und Politiker. 42 S. 4°. Realsch. I. O. und Landwirtschaftsschule zu Döbeln. 480.

Die Abhandlung enthält eine Schilderung der Lebensschicksale sowie des dichterischen und politischen Wirkens dieses so früh verstorbenen, bei seinen Lebzeiten nur von wenigen als Dichter geschätzten und bewunderten Mannes. — *E. Wetzel.*

271. *Heissig, A.* Pierre Corneille. Ein Beitrag zur Förderung des Studiums dieses Dichters. 18 S. 4°. Gymn. mit Realabteilung zu Greiz. 614.

Nach einem kurzen Abriſs der Geschichte des französischen Dramas bis zum Erscheinen des „Cid", werden in drei Abschnitten die Jugendzeit Corneille's und seine Entwickelung zum dramatischen Dichter, — seine Blütezeit, — seine spätere Thätigkeit und die letzten Lebensjahre vorgeführt. — *E. Wetzel.*

272. *Koch, Felor.* Ferrex und Porrex. Eine litterarhistorische Untersuchung. 17 S. 4°. Realsch. zu Altona. 246.

Nach Aufzählung der einzelnen Ausgaben dieses Trauerspiels und einer Analyse derselben, untersucht Verf. Versbau und Sprache, um zu beweisen, dafs, wie das Titelblatt der ersten Ausgabe angibt, Norton die ersten drei, Sackville die letzten drei Akte verfafst hat. Es folgt die Inhaltsangabe, und schliefslich wird das Drama inbezug auf Form und Versbau mit anderen dramatischen Erzeugnissen der vorhergehenden Periode verglichen. — *E. Wetzel.*

273. *Kreutzinger, K.* Das Praeciosentum und Molière. 20 S. 8°. Staatsrealschule in Jägerndorf.

Nachdem Verf. die Entwickelung des Praeciosentums aus schöngeistigen Bestrebungen in den Salons gebildeter vornehmer Damen geschildert, zeigt er, dafs die schlimme Bedeutung dieses Namens erst durch Übertreibung und lächerliche Nachahmung in den unteren Ständen hervorging. Dann werden die „Précienses ridicules" besprochen und Beispiele der affektierten Ausdrucksweise aus Somaize's „Grand Dictionnaire des Précieuses" angeführt. Nebenbei wird erwähnt, dafs die „Femmes savantes" sich mehr gegen die Verkehrtheiten der Frauen in dem Streben nach Gelehrsamkeit wenden. Zum Schlufs wird nachgewiesen, dafs dem Praeciosentum ähnliche Richtungen sich auch in andern Ländern im 16. und 17. Jahrh. breit machten. — *J. K.*

274. *Generlin, Placide.* La Société française au dix-septième siècle d'après les comédies de Molière. 51 S. 8°. Deutsche Staats-Oberrealsch. in Trier.

Der Stoff wird in folgende Gruppen geteilt: 1. Le Roi, 2. L'aristocratie et la bourgeoisie polie, 3. Les petits bourgeois et le peuple, 4. Les vrais et les faux dévots (als Urbild des Tartuffe wird hier S. 36 Charpy de Saint-Croix genannt), 5. L'avarice, 6. La femme et la famille. Diejenigen Stellen aus Molière's Lustspielen, welche sich auf die Sittengeschichte seiner Zeit beziehen, werden mit gleichzeitigen Schilderungen anderer verglichen, woraus Verf. den Schlufs zieht, dafs die Satire Molière's wohl berechtigt war. — Der Stil ist meist fliefsend; auf Vermeidung von Druckfehlern (?) hätte jedoch mehr Sorgfalt verwendet werden können. — *J. K.*

275. *Weinand, Joh.* Quelques remarques critiques sur les idées littéraires de M. Ch. A. Sainte-Beuve (Fortsetzung). 13 S. 4°. K. Gymn. mit Real-Abteilung zu Neufs. 1880/81. 392.

Der Anfang dieser Studie (I—III) ist im Programm 1877 erschienen. Die jetzt veröffentlichten Abschnitte IV—VI behandeln die persönlichen Beziehungen Sainte-Beuve's zu den Häuptern der romantischen Schule. — *E. Wetzel.*

276. **Lutze, Heinrich.** Über Scarron. 21 S. 4°. Gymn. zu Sorau. 73.

Zweck der Abhandlung ist das, was die Détailforschung der französischen Gelehrten über Scarron bis zur Evidenz festgestellt hat, im Zusammenhange vorzuführen. Sie enthält in ihrer vorliegenden ersten Abteilung eine gedrängte Skizze des Lebensganges Scarron's. — *E. Wetzel.*

277. **Krumholz, Heinrich.** John Skelton und sein Morality Play „Magnyfycence". 6 S. 8°. Deutsche Landes-Realsch. zu Prosznitz.

278. **Schmidt, Alexander.** Die ältesten Ausgaben des Sommernachtstraums. 21 S. 4°. Städt. Realsch. zu Königsberg i. Pr. 12.

In seiner bekannten klaren und besonnenen Kritik führt Verf. aus, dafs die Folio des obigen Stückes ein Abdruck aus der zweiten Quarto ist, die wiederum aus der ersten Quarto (Fisher's) widerrechtlich entnommen sein mufs. Dann wendet er sich zu der Frage, wie letztere zustande gekommen sei, zeigt, dafs sie nicht aus einer Handschrift des Dichters hervorgegangen sein könne, vielmehr nach allen Indicien eine Bandausgabe sein müsse. Dennoch habe die Text- und Wortkritik sie als ihre Grundlage zu betrachten. Druckten aber die Herausgeber der Folio eine Quarto ab, so geht daraus hervor, dafs sie das bezügliche Stück als echt kannten. Versuche die von ihnen nicht aufgenommenen Stücke als echt zu erweisen seien daher verfehlt. — J. K.

279. **Asch, M.** Shakespeare's and Voltaire's Julius Caesar compared. 18 S. 4°. Höh. Bürgersch. zu Gardelegen. 231.

In einem nicht fehlerfreien und stilistisch sehr ungleichen Englisch sucht Verf. nachzuweisen, inwiefern und aus welchem Grunde Voltaire von Shakespeare abweicht, und kommt zu dem Resultate, dafs der englische Dichter doch im ganzen den Vorzug verdiene. — J. K.

280. **Stern, Georg.** Über das persönliche Geschlecht unpersönlicher Substantiva bei Shakespeare. 63 S. 4°. Vitzthumsches Gymn. zu Dresden. 464.

Die Abhandlung beginnt mit einer gedrängten Übersicht über die Entwickelung des Geschlechtes der Substantiva vom Angelsächsischen bis zum Altenglischen um 1500. Es folgt eine Darstellung der Mittel, welche das Erkennen des persönlichen Geschlechts ermöglichen. Die Untersuchung zeigt, dafs in der Abstammung allein die Erklärung für die Wahl der Geschlechter nicht zu suchen ist, da fast die Hälfte der Substantiva angelsächsischen oder französischen Ursprungs vom alten Geschlecht abweicht. Von wesentlichem Einflufs ist, wie näher ausgeführt wird, die Bekanntschaft mit den alten klassischen Schriftstellern. Für eine gröfsere Zahl von Wörtern mufs das vom Dichter gewählte Geschlecht auf Analogie zurückgeführt werden oder findet durch die Nachahmung der Vulgärsprache seine Erklärung. Im allgemeinen bevorzugt Shakespeare das männliche Geschlecht. Ob dies nur in der Individualität des Dichters oder auf anderen Gründen beruht, mufs weiteren Untersuchungen vorbehalten bleiben. — *E. Wetzel.*

281. *Deutschlein, M. F. Karl.* Übersicht über die grammatischen Abweichungen vom heutigen Sprachgebrauch bei Shakespeare (I. Teil). 24 S. 4°. Realsch. I. O. zu Zwickau. 506.

Diese Arbeit soll zur Vervollständigung der Grammatik der Shakespeareschen Sprache dienen. Die Belegstellen sind in erster Linie dem Coriolanus entnommen, in zweiter den Stücken, welche von Münch und Vogel in ihren Programmabhandlungen, von Schrader und Schmitz in ihren Werken erwähnt oder empfohlen werden. Bemerkungen aus der historischen Grammatik sind hinzugefügt, um das Verhältnis des Neuengl. zum Altengl. zu beleuchten. Der hier abgedruckte I. Teil behandelt Artikel, Substantivum, Pronomen, Adjectivum und Adverbium. — *E. Wetzel.*

282. *Gritter.* Charles de Villers und Madame de Staël; ein Beitrag zur Geschichte der litterarischen Beziehungen zwischen Deutschland und Frankreich. I. Teil. 28 S. 4°. Gymn. zu Rastenburg. 9.

Verf. schildert zunächst den Einfluss, den das Französische auf die deutsche Litteratur bis zur Zeit Schiller's und Goethe's geübt hat. Für den umgekehrten Einfluss des Deutschen auf die französische Litteratur finden sich bis dahin nur vereinzelte Spuren. Die geistige Vermittlerrolle übernahm zuerst mit vollem Bewußtsein Villers und von ihm angeregt Frau v. Staël. Vorliegender erster Teil der Abhandlung gibt eine auf das Notwendigste beschränkte Lebensbeschreibung von Charles de Villers und eine Analyse seines Werkes „La philosophie de Kant". — *E. Wetzel.*

283. *Schütze, Joh.* Sur quelques Mazarinades de la Bibliothèque royale publique de Dresde. 34 S. 4°. K. Gymn. zu Dresden-Neustadt. 465.

Die Dresdener Bibliothek besitzt 3052 Mazarinaden. Nach Abzug der mehrmals vorhandenen Exemplare bleiben 1644, welche schon von M. Moreau in seiner „Bibliographie des Mazarinades" beschrieben sind, und 81, welche demselben unbekannt blieben oder von den ihm bekannten bedeutend abweichen. Von letzteren gibt Verf. eine alphabetisch geordnete Übersicht nebst Beschreibung. Vorausgeschickt ist eine Abhandlung über die Mazarinaden im allgemeinen, ihren Namen und ihren litterarischen Wert, sowie ein Abriss der Geschichte der Fronde. — *E. Wetzel.*

284. *Wagner, Max.* The English dramatic blank-verse before Marlowe (I. Teil). 16 S. 4°. Höh. Bürgersch. zu Osterode in Ostpreußen. 15.

Verf. will unter Zugrundelegung von Tycho Mommsen's Einteilung der Unregelmäßigkeiten des blank-verse untersuchen, in wie weit die Verfasser der Stücke: Ferrex und Porrex (1562), Jocaste (1566), Tancred and Gismund (1592 in blank-verse veröffentlicht) und Misfortunes of Arthur (1587) sich dieser Lizenzen bedient haben, beschränkt sich aber in vorliegender Abhandlung auf Ferrex und Porrex. Vgl. oben 272. — *E. Wetzel.*

285. *Schepkowski, Armand.* Esquisse de la poésie satirique en France du temps de la Renaissance. 42 S. 4°. Höb. Bürgersch. zu Hamburg. 1880/81. 631.

Nach einer kurzen Übersicht über die satirischen Dichtungen der dem zwölften vorangehenden Jahrhunderte und einer Schilderung des religiösen und politischen Zustandes Frankreich's zur Zeit der Renaissance beschreibt Verf. das Leben und die Werke der vier Dichter dieser Zeit, welche den gröfsten Einflufs auf ihre Zeitgenossen ausgeübt haben, Clément Marot's, Pierre Rousard's, Mathurin Régnier's und François de Malherbe's. Die weniger bedeutenden Dichter sind nur kurz behandelt. Zur Begründung der Ansichten des Verf. sind zahlreiche Proben aus den Werken der genannten Dichter eingestreut. — *E. Wetzel.*

286. *Kirschstein.* Englische Gedichte ins Deutsche übertragen und ein Essay: Gefangene von Chillon. 19 S. 4°. K. Gymn. zu Marienburg. 25.

Folgende Gedichte sind übersetzt: 1. Lieder und Romanzen aus Th., Moore's Abenden in Griechenland. — 2. Roland's Turm von Lätitia Elisabeth Landon. — 3. Jaqueline von Samuel Rogers. Der sich anschliefsende Essay schildert die Zeitverhältnisse und das Leben der verschiedenen Personen, welche in den Gefängnissen Chillon's geschmachtet haben, von Wala, dem Vetter Karl's des Grofsen, bis auf den Prior von St. Victor, dem Byron in seinem herrlichen Gedichte ein unvergängliches Denkmal geschaffen hat. — *E. Wetzel.*

287. *Feyerabend.* In what manner did the French influence the Formation of the English Language? 11 S. 4°. K. Gewerbesch. (lateinlose Realsch. mit 9jährigem Kursus) zu Elberfeld. Herbst 1879 bis Ostern 1881. 430.

Verf. stellt kurz den Einflufs dar, den die durch die Normannen bewirkte Einführung der französischen Sprache auf die Sprache der besiegten Angelsachsen ausgeübt hat, und zeigt, dafs dessenungeachtet die englische Sprache ihres germanischen Charakters nicht verlustig gegangen ist. — *E. Wetzel.*

288. *Merkel.* Die deutsch-französische Aussprache. I. Teil. 39 S. 4°. Höh. Bürgersch. zu Freiburg im Breisgau. 539.

Verf. veröffentlichte 1865 im Jahresberichte der Anstalt als Anhang eine Reihe von 12 Thesen über den sogenannten accent allemand. In vorliegender Abhandlung gibt er die von verschiedenen Seiten gewünschte ausführlichere Begründung eines Teiles dieser Thesen (Nr. 1—7) und schliefst daran die Ansichten verschiedener Gelehrter und Grammatiker, die mit ihm übereinstimmen. — *E. Wetzel.*

289. *Ehlers.* Geschichtliche Entwickelung der französischen Sprache (Fortsetzung). 16 S. 4°. Realsch. II. O. zu Hanau. 353.

Enthält: Linguae franco-gallicae glossarium, und zwar geordnet nach den Wörtern germanischen Ursprungs, welche in die französische Sprache übergegangen sind. Es beginnt mit dem got. bisatjan und schliefst mit dem got. sunja. — *E. Wetzel.*

290. *Kornfeind, Johann.* Französische Infinitiv-Konstruktionen mit Berücksichtigung des Lateinischen. 13 S. 8°. Staats-Realsch. zu Olmütz.

291. *Beckers, Joseph.* Comment les substantifs et adjectifs composés de la langue allemande se rendent en français. 10 S. 4°. K. kath. Gymn. an Marsellen zu Köln. 371.

Nach einer einleitenden vergleichenden Betrachtung über deutsche und französische Zusammensetzung behandelt Verf. unter Abschnitt I „Composés français" die Fälle, in denen deutsche Composita im Französischen gleichfalls durch Composita wiedergegeben werden, und bespricht die verschiedenen Arten der Bildung derselben, die von ihnen gebildeten Ableitungen, Stellung von Grund- und Bestimmungswort und das Geschlecht. Die Pluralbildung wird übergangen. Abschnitt II. „Moyens supplémentaires" enthält 1) die Fälle, in denen das Französische eine Umschreibung gebraucht oder sich mit einem Adjectiv, dem Genetiv eines Substantivs oder der Präposition mit Ergänzung bedient, 2) die Fälle, in denen einfache französische Substantiva zur Übersetzung von deutschen Compositis verwendet werden, und endlich die durch Konjugation und Deklination gebotenen Hilfsmittel. — *E. Wetzel.*

292. *Royel, E.* Probe eines englischen Vocabularinms im Anschluß an das Vocabulaire français von Prof. Dr. H. Haedicke. 14 S. 4°. Höh. Bürgerschule zu Crossen. 92.

In den einleitenden Bemerkungen setzt Verf. seine Ansichten über die notwendigen Eigenschaften eines Vocabulariums aus einander und gibt als Probe einen Teil des Buchstabens D. Die romanischen Stämme sind in Kursivschrift, die aus dem Germanischen und andern Sprachgebieten entstammenden Ausdrücke in gewöhnlicher Schrift gedruckt; für Obertertia und Untersecunda ist spationiert, für Obersecunda und Prima kompreß gedruckt. Die Wörter sind mit Accenten und für die Aussprache mit den von Flügel gebrauchten Zeichen versehen. — *E. Wetzel.*

293. *Basedow.* Das französische Verb in der Schule. 38 S. 4°. Kaiserin-Augusta-Gymn. zu Charlottenburg. 58.

Verf. geht davon aus, daß die Konjugation der französischen Verben geschieht durch Anhängung von Endungen an den Stamm des Verbs oder durch Umschreibung mit den Hilfsverben avoir und être. Die einfachen Formen des Aktivs zerfallen in drei Klassen, von denen die erste den Inf. du prés., Gérondif., Part. prés., Prés. de l'Ind., Prés. du Subj., Impératif und endlich Imparf. de l'Ind. enthält, die zweite Passé déf. und Imparf. du Subj., und die dritte das Part. passé. Die folgenden Paragraphen besprechen die Ableitung der Formen, jenachdem Anhängungen an den reinen Stamm oder Veränderungen des Stammes eintreten, oder die Endungen eine Veränderung erfahren. Die Paragraphen 61—70 behandeln die zusammengesetzten Formen des Aktivs, 71—73 enthalten die unvollständigen Verben sowie die einzeln stehenden Verbalformen, die letzten (74—77) besprechen ganz kurz die umschriebenen Formen des Aktivs und des Passivs. — *E. Wetzel.*

294. *Scotland, A.* Bemerkungen zum französischen Unterricht auf Gymnasien. 27 S. 4°. Progymn. zu Neumark (Westpr.). 27.

Verf. untersucht zunächst die für die geringen Leistungen der Gymnasien im Französischen angeführten Gründe und stellt sodann als Ziel für den franz. Unterricht daselbst auf: sichere grammatische Unterlage und hinreichende Fertigkeit im Verständnis franz. Schriftsteller. Der Unterricht soll erst in Tertia beginnen und die Lektüre sein Kernpunkt sein, ohne das Extemporale ganz aufzugeben. Zum Schluß setzt Verf. aus einander, wie bei dieser Verschiebung des franz. Unterrichts nach Tertia das Unterrichtsverfahren einzurichten sei. — *E. Wetzel.*

295. *Lehmann, von.* Lehrplan für den französischen und englischen Unterricht. 15 S. 4°. Realsch. I. O. zu Barmen. 404.

Der Lehrplan ist anläfslich der über die einzelnen Lehrpläne abgehaltenen Konferenzen entstanden und vom K. Provinzial-Schul-Kollegium als geeignet zur Mitteilung im Programm erklärt worden. Im ersten Abschnitt, über das Unterrichtsverfahren, werden in gedrängter Weise die Sprech- und Leseübungen in den Anfangs-Klassen, der grammatische Unterricht, die schriftlichen Arbeiten, die Wahl der Lektüre und die zur Erlangung des freien Gebrauchs der beiden Sprachen notwendigen Sprechübungen behandelt. Abschnitt II gibt die Verteilung des Lehrstoffs auf die verschiedenen Klassen. — *E. Wetzel.*

296. *Stroka, Vinzent.* „Die Versuchung". Poetische Erzählung des Grafen Sigmund Krasinski, aus dem Polnischen übersetzt und mit einer litterarhistorischen Einleitung versehen. 33 S. 8°. Staatsgymn. bei St. Anna in Krakau.

Die Einleitung ist eine mit Wärme und nationalem Stolz geschriebene Skizze der Litteratur Polen's. Insbesondere werden die beiden Blütezeitalter, deren die polnische Nation sich rühmen kann, näher charakterisiert. Das erste, klassische, fällt in das 16., das letztere, echt nationale, in das 19. Jahrhundert. Ihm gehört mit Adam Mickiewicz und Julius Slowacki auch Sigmund Krasinski (seit 1830) an. Und in der That mufs der letztere nach dem Eindruck, den die schöne Übersetzung seiner „Versuchung" auf den Referenten gemacht hat, ein ganz aufserordentliches Genie sein. Es wäre zu wünschen, dafs der Verf. fortführe solche Perlen der polnischen Litteratur auch in Deutschland durch Übersetzung bekannt zu machen. Die „Versuchung" ist im Nachdruck als selbständiges Büchlein im Verlag von Wilhelm Friedrich, Leipzig 1882, erschienen. — *Peters.*

297. *Rischka, Robert.* „Lilla Weneda". Eine Tragödie von Julius Slowacki, aus dem Polnischen übersetzt. 101 S. 8°. Staats-Realsch. in Jaroslau.

Verf. bietet uns in dankenswerter Absicht ein polnisches Drama, das zwar schauerlich, aber reich an Handlung und packenden, ergreifenden Scenen ist und zum Thema einen Stoff aus Polen's Vorzeit hat. Die Übersetzung ist trefflich, doch leider durch Druckfehler arg entstellt. — *Peters.*

298. *Fischer, Friedrich.* Versuch einer vergleichenden Synonymik des Italienischen, Spanischen, Portugiesischen und Französischen. 24 S. 4°. Guericke-Schule (lateinlose Realsch. mit neunjährigem Lehrkursus) zu Magdeburg. 226.

Der gemeinsame deutsche Begriff (z. B. Augenblick, beharren, fremd) wird jedem Artikel vorangestellt, darauf folgen die bezüglichen synonymen Ausdrücke des Ital., Span., Portug. und Franz., zum Schlusse erscheinen etymologische Bemerkungen und Vergleiche mit anderen Sprachen, welche dieselben Wörter aufweisen, wie Provenzalisch und Englisch. Die Erklärungen und Belege zu den einzelnen Gruppen sind meist den bekannten Synonymiken, selten direkt Autoren entnommen. Überdies sind die einzelnen Artikel nicht erschöpfend genug behandelt, ich erinnere z. B. bei „Gehen" an Wendungen wie ital. come sta?, frz. comment vous portez-vous? etc., die ganz unberührt gelassen sind. — *J. K.*

299. *Stefureac, Stefan.* Einige Suffixe zur Bildung des Substantivs und Adjectivs im Rumänischen. II. 41 S. 8°. Griech.-orient. Ober-Gymn. in Zuczawa.

Fortsetzung der in den vorjährigen Referaten (C.-O. S. 184, 5) angezeigten Abhandlung. Verf. bespricht 16 weitere Suffixa und liefert aus dem Rumänischen Belege zu der von Osthoff (Forschungen etc.) aufgestellten Ansicht vom Übergange der Deminutivform in die tadelnde Bedeutung, tadelt dagegen fehlerhafte Bildungen in Pumnul's Schulbüchern. — *J. K.*

300. *Jarnik, Joh. Urb.* Zur albanischen Sprachenkunde. 51 S. 8°. K. K. Unterrealsch. im II. Bezirk in Wien.

Die Arbeit soll denjenigen, welche sich mit dem Albanischen nicht eingehend zu beschäftigen gedenken, eine einigermafsen klare Idee von dieser Sprache oder vielmehr von einem Dialekte derselben geben. Zunächst sind ein Gedicht des albanischen Dichters Paško Vaja, zwei Volksmärchen und eine Sprüchwörtersammlung in lateinischer Transscription mit wörtlicher Interlinearübersetzung abgedruckt; dann folgt eine Formenlehre mit Angabe der Stellen, an denen die bezügliche Form in den gegebenen Texten vorkommt, und schliefslich, anstelle eines Glofsars, für das kein Raum mehr war, ein Verzeichnis der interessantesten Wörter sowie ein Schlufswort über die Provenienz der Texte und die Entstehung der Arbeit. — *Pieper.*

G. Geschichte und Geographie.

301. *Schipper, L.* Hervorragende Staatsverfassungen des klassischen Altertums. 16 S. 4°. K. Paulinisches Gymnas. zu Münster. 309.

„Die folgenden Zeilen werden einen einschlägigen Versuch machen einige der hervorragenden Staatsverfassungen des klassischen Altertums in einer neuen Gruppierung, welche die Schüler mit Leichtigkeit fassen und behalten können, der Schule zur wohlwollenden Beachtung vorzulegen." — Die Arbeit bespricht von griechischen Verfassungen die ältesten, die lykurgische und die solonische, von römischen die älteste und die servianische. — *KZ.*

302. *Holle, J.* Megara im mythischen Zeitalter. 25 S. 4°. Gymn. zu Recklinghausen. 311.

Verf. gibt eine Geschichte Megara's bis zur Zeit der dorischen Wanderung, indem er sich bemüht aus den Sagen den historischen Kern herauszuschälen. Die Resultate sind etwa folgende. Die älteste Bevölkerung war mit den argivischen Pelasgern gleichen Stammes. Mit ihnen verschmolz eine karische Ansiedelung. Von Böotien aus scheinen dann Leleger eingewandert zu sein, die später wieder von Ioniern verdrängt wurden. Die Macht der letzteren, aber wurde durch Minos so erschüttert, dafs sie keinen nachhaltigen Widerstand leisten konnten, als ein Pelopide Achäer nach dem Isthmus führte

Die Achäer jedoch scheinen schon bald den Athenern unterlegen zu sein. die das Land bis zu Kodros' Zeit behielten. An die Darstellung schliefst sich eine genealogische Tafel. — *Az.*

303. *Höck, A.* Die Beziehungen Kerkyra's zum zweiten athenischen Seebunde. 16 S. 4°. K. Gymn. zu Husum. 238.

Im Jahre 375 sandte Athen den Timotheus nach dem ionischen Meere. Nach Xenophon erfolgte die Anregung dazu von den Thebanern, Verf. hält es aber für möglich, dafs schon damals vom Demos der Insel ein Hilfsgesuch nach Athen ergangen sei. Es habe nämlich auf Kerkyra eine Spaltung bestanden, und der Demos, der im Besitz der Stadt war, sei mit Athen ein Bündnis eingegangen. Timotheus habe dann die Aristokratie zwar mit Gewalt unterworfen, sie aber so mild behandelt, dafs nun der Gesamtstaat mit Athen einen Bund geschlossen habe. — Die Arbeit verfolgt dann die Ereignisse im ionischen Meer noch weiter bis zum Jahre 361/60. — *Kl.*

304. *Weinert, A.* Die achäische Bundesverfassung. (Ein Beitrag zur Geschichte des Föderalismus). I. Teil. 32 S. 4°. Gymn. zu Demmin. 104.

Die Abhandlung zerfällt in folgende Abschnitte: I. Das Bundesgebiet. II. Die Stellung der Bundesmitglieder. III. Die allgemeine Volksversammlung. IV. Die Bundesmagistrate und ihre amtliche Thätigkeit. V. Die Boule. — *Kl.*

305. *Ruff, Ferd.* Die drei Feldzüge des Königs Pyrrhus in Italien. Eine kritische Studie. 26 S. 8°. Landes-Unterrealschule in Weidhofen a. d. Ybbs.

Verf. hat sich die Aufgabe gestellt die vorhandenen Quellennachrichten über die drei italischen Feldzüge des Pyrrhus mit Berücksichtigung Niebuhr's, Droysen's, Mommsen's, Ihne's zu prüfen, das Material dazu fleifsig zusammengetragen und Übereinstimmung wie Abweichung in den Quellen gewissenhaft berücksichtigt. — *Sch.*

306. *Bass, J.* Dionysius von Syrakus. Nach den Quellen dargestellt. 43 S. 8°. K. K. Staatsgymn. im II. Bez. von Wien.

Verf. sucht zu einer unbefangeneren Würdigung des Dionys dadurch das Seine zu thun, dafs er den Gedanken durchführt, D. habe es sich von Anfang an als Lebenszweck gesetzt durch Gründung einer starken Herrschaft auf beiden Seiten der Meerenge die Rettung des Griechentums vor der drohenden Übermacht Karthago's zu ermöglichen. Aufstände gegen seine Herrschaft mufste er als Störung dieses patriotischen Strebens auffassen, das Bewufstsein, dafs man seine Absichten verkenne, ihn zum Verächter der Menschen, die stete Gefahr ihn mifstrauisch machen. Dabei aber war er mäfsig in seinen Bedürfnissen, unermüdlich thätig und ein Freund der Kunst und Wissenschaft. — *Kl.*

307. *Neuda, Hermann.* Über die politischen Beziehungen zwischen Rom und Ägypten bis zur Thronbesteigung der Königin Kleopatra. 20 S. 8°. Staatsgymn. zu Krems.

308. *Ziegler, Albert.* Die Regierung des Kaisers Claudius I. mit Kritik der Quellen und Hilfsmittel. III. Teil. Fortsetzung aus 1880 und 1879. 51 S. 8°. K. K. Ober-Gymn. der Benedict. zu Kremsmünster.

In diesem 3. Teile behandelt Verf. die Regierungsthätigkeit des Claudius inbezug auf Italien, auf die Provinzen und auf die unterthänigen Fürstentümer und bespricht insbesondere die armenischen Verhältnisse. — *Kl.*

309. *Cacolina.* Über das Verzeichnis der römischen Provinzen vom Jahre 297. 23 S. 4°. Gymn. u. Höh. Bürgersch. zu Wesel. 401.

E. Kuhn hat gegen Mommsen aufgrund der gleichzeitigen Konzilienakten nachzuweisen gesucht, dafs das Verzeichnis der römischen Provinzen von 297 nicht mehr ganz die diocletianische Einteilung des Reiches gebe, sondern Zusätze enthalte. Verf. zeigt, dafs jene Akten weder im allgemeinen noch speziell in den hier inbetracht kommenden Fällen durchaus zuverlässig sind, Interpolationen in jenem Verzeichnisse also aus ihnen nicht bewiesen werden können, zumal da solche überhaupt hier unwahrscheinlich seien. Die Echtheit des Verzeichnisses sei daher zweifellos. — *Kl.*

310. *Widmann, H.* Das Land Österreich ob der Enns unter der Herrschaft der Römer. 40 S. 8°. K. K. Oberrealsch. in Steyr.

Den Inhalt der Arbeit ergeben die Kapitelüberschriften: I. Noricum, sein Anfall an das römische Reich und seine Ausdehnung; II. Die römischen Ansiedlungen und Strafsen; III. Regierung und Verwaltung der Römer; IV. Sociale Verhältnisse und Verwaltung der Städte und Ortschaften; V. Kunst, Handwerk, Handel, Landwirtschaft, Bergbau; VI. Religion und Cultus; VII. Das Ende der Römerherrschaft. — *Kl.*

311. *Kleijd, Kari.* Theoderich der Grofse in seinen Beziehungen zum byzantinischen Reiche. 28 S. 8°. Staats-Oberrealsch. zu Görz.

312. *Zaiarski, Peter.* Karl des Grofsen Züge gegen die Sachsen. I. 20 S. 8°. Staats-Unterrealsch. zu Tarnopol.

313. *Boelle, Ch.* Thangmar. Sein Leben und Beurteilung seiner Vita Bernwardi. 26 S. 4°. Bischöfl. Gymn. Josephinum zu Hildesheim. 266.

Der I. Teil der Untersuchung behandelt die Persönlichkeit Thangmar's sowie sein Verhältnis zum Hildesheimer Stift und besonders zu Bernward. Teil II bespricht die Vita selbst. Kap. 1—10 sind mit Ausnahme der einleitenden Worte zwischen 1008 u. 1013 geschrieben, 11—57 erst nach Bernward's Tode, aber vor 1024. Während der erste Teil der Vita mehr erbaulichen Zweck hat, soll der zweite hauptsächlich beweisen, dafs Gandersheim zu Hildesheim gehört; doch hat Th. hier die Verhältnisse vielfach parteiisch dargestellt. — *Kl.*

314. *Dewitz, R.* Würdigung von Bruno's Liber de bello Saxonico im Vergleich mit den Annalen Lambert's von Hersfeld. 43 S. 4°. Progymn. zu Offenburg. 535.

Verf. ist, im Gegensatz zu Giesebrecht, der Überzeugung, dafs Bruno die Wahrheit sagen konnte und wollte, was sich von Lambert nicht in gleichem Mafse sagen lasse. Nach dieser allgemeinen Würdigung Bruno's gibt Verf. zunächst eine kurze Übersicht über die Regierungszeit Heinrich's bis zum Ausbruch des Sachsenkriegs, dann einige zur Kritik Lambert's notwendige Bemerkungen und endlich eine nach Jahren geordnete Gegenüberstellung der von beiden Historikern ausgehenden Mitteilungen bis zur Erwählung Rudolf's, wo Lambert schliefst. — *Kl.*

315. *Gegenbaur, J.* Das Grab Königs Konrad I. in der Basilica zu Fulda. 24 S. 4°. K. Gymn. zu Fulda. 335.

Als Grabstätten des ersten Konrad werden bei den Schriftstellern älterer und neuerer Zeit vier Orte genannt: die Münster von Fulda, Weilburg, Quedlinburg und Limburg. Nach Prüfung der Quellen entscheidet Verf. sich mit der Fortsetzung Regino's, deren Angabe noch durch andere Nachrichten bestätigt wird, schliefslich für Fulda. Dann läfst er eine kurze Geschichte der alten Basilika folgen und führt den Nachweis, dafs der von Rhabanus errichtete Kreuzaltar, neben dem nach Marianus Scotus das Grab Konrad's sich befand, im Ostchor des alten Münsters gestanden habe. Jetzt zeigt in der neuen Kirche eine Tafel diese Stelle.

Eine Abbildung der alten Basilika und ein Grundrifs der jetzigen Kirche erleichtern das Verständnis der Arbeit. — *Kl.*

316. *Köster, K.* Sachsen unter Herzog Magnus. 24 S. 4°. Höh. Bürgersch. zu Marne. 251.

Die Arbeit zerfällt in zwei ungleiche Abschnitte. Der erste hat die Überschrift: „Magnus bis zum Tode Herzog Ordulf's (28. März 1072)", der zweite, gröfsere: „Magnus, Herzog von Sachsen (1072—1106)". Die Darstellung beruht auf den Quellen mit Berücksichtigung der neueren Untersuchungen. Verf. rechtfertigt den König gegen die Angriffe der ihm feindlichen Chronisten und bespricht aufserdem in zwei Excursen 1) Die Verhandlungen Heinrich's mit dem Dänenkönige Sven Estridsson und 2) das Itinerar des Königs von Pfingsten 1071 bis Ostern 1072. — *Kl.*

317. *Rieger, K.* Die Immunitätsprivilegien der Kaiser aus dem sächsischen Hause für italienische Bistümer. Eine kritische Vorstudie. 56 S. 8°. K. K. Franz-Joseph-Gymn. in Wien.

Verf. will durch eine kritische Übersicht der von den Ottonen für italienische Bistümer ausgestellten Immunitätsprivilegien einen Beitrag zu einer diplomatisch genauen Darstellung der in Italien bestehenden Immunitätsverhältnisse liefern. Zu diesem Zwecke legt er das Verhältnis der von diesen Kaisern verliehenen Privilegien zu den Vorurkunden dar und sucht die Echtheit oder Unechtheit schlecht verbürgter Diplome zu erweisen. Die Urkunden selbst sind nach den Städten, die alphabetisch geordnet sind, zu Gruppen zusammengestellt. Dann gibt Verf. eine Übersicht über die gewonnenen Resultate und anhangsweise den Abdruck einer Urkunde, die Kaiser Heinrich II. 1114 in Pavia ausgestellt hat. — *Kl.*

318. *Knod, G.* Das Papsttum und die deutsche Landeskirche zur Zeit der Ottonen. 22 S. 4°. Realgymn. zu Gebweiler. 449.

Das Resultat der Abhandlung, die in zwei Hauptteile (1. Ordnung, 2. Verwaltung der deutschen Landeskirche) zerfällt, ist etwa folgendes: Der

Einfluſs des Papstes auf Ordnung und Regierung der deutschen Kirche ist lediglich durch die Stellung des Papstes zum Kaiser bestimmt. Die Kirche ist ein staatliches Institut, alle ihre Diener, selbst der Papst, sind dem Kaiser unterworfen. Die deutsche Kirche aber erkennt die Jurisdiktion des Papstes an. Allmählich dehnt sein Einfluſs sich auch auf die Verwaltung der Kirche aus, die Macht der Mittelgewalten (Vicare, Metropolitane und Bischöfe) wird beseitigt, die Kloster- und die Domgeistlichen emanzipieren sich, und an die Stelle der ehemaligen Machtinhaber tritt überall der Papst, in dessen Händen sich nun allmählich alle geistliche Gewalt vereinigt. — Kl.

319. *Niemeyer, J.* Die Slaven unter Herzog Heinrich dem Löwen. 25 S. 4°. K. Gymn. zu Meldorf. 240.

Die Abhandlung enthält die Geschichte der slavischen Mark bis zum Jahre 1159. Wir geben kurz den Inhalt. Seit 1142 war Wagrien in den Händen Adolf's von Holstein. Er besiedelte es mit Holsaten, Holländern und Friesen. Im Obotritenlande herrschte Niklot als deutscher Lehnsmann, und Adolf hielt mit demselben Freundschaft, damit seine junge Gründung, Lübeck, Verkehr gewinne. Diese Beziehungen wurden nur kurze Zeit durch den Kreuzzug von 1147 unterbrochen. Auch die sächsischen Fürsten lieſsen Niklot gewähren. Wohl aber geriet der mächtige Herzog Heinrich mit Adolf um den Besitz von Lübeck in einen Streit, in welchem Heinrich schlieſslich siegte. Nachdem Verf. die weltliche Geschichte bis zum Jahre 1159 geführt, bespricht er die kirchlichen Verhältnisse, die Neugründung der Bistümer und den Zwist des Herzogs mit dem Erzbischof von Bremen über die Investitur der Bischöfe und zeigt, daſs Heinrich hier ebenfalls sein Ziel erreichte. — Kl.

320. *Sieniawski, E.* Über den Obotritenfürsten Niklot. 8 S. 4°. K. Gymn. in Düsseldorf. 379.

Das Mitgeteilte ist ein Auszug aus des Verf. Schrift „Überblick der Geschichte Nordwestslavien's" von Seite 173 ab (Vgl. N. 319). — Kl.

321. *Schildgen, Th.* St. Vitus und der slavische Swantovit in ihrer Beziehung zu einander. 18 S. 4°. Realsch. I. O. zu Münster. 321.

Helmold berichtet, schon im 9. Jahrhundert seien Mönche aus Corvey nach Rügen gekommen und hätten die Bewohner bekehrt. Später seien die Rugier aber wieder ins Heidentum zurückgefallen, hätten jedoch die Verehrung des h. Vitus, den sie durch die Corveyer kennen lernten, nicht aufgegeben, vielmehr ihn sogar zu einem Gott — Swantovit — gemacht. Diese Nachricht fand lange unbedingten Glauben und hat selbst jetzt noch Verteidiger, obwohl sie schon wiederholt widerlegt worden ist. Dies veranlaſst den Verf. die Streitfrage nochmals zu erörtern, wobei er zu dem Ergebnis kommt, daſs St. Vitus und Swantovit nichts mit einander gemein haben. — Kl.

322. *Frieſs, G. F.* Dietrich, der Marschall von Pilichsdorf. 44 S. 8°. K. K. Obergymn. zu Seitenstetten.

Dietrich, der Marschall von Pilichsdorf, der den edelsten Männern der österr. Geschichte beizuzählen ist, entstammte einem angesehenen österr. Ministerialengeschlechte und ist wahrscheinlich kurz nach 1260 geboren.

Vor 1290 ist er nicht nachweisbar. 1298 nahm er an der Schlacht bei Göllheim teil, 1303 wurde er Hofmarschall Rudolfs III., mit dem er auch nach Böhmen zog, und behielt dies Amt auch unter Friedrich dem Schönen. 1313 führte er das österr. Heer bei Grammelsdorf, wo er geschlagen und gefangen genommen wurde. Dasselbe Schicksal hatte er bei Mühldorf. Nachdem er an den folgenden Verhandlungen lebhaft teilgenommen, starb er am Christtage 1326. — Den Schlufs der Abhandlung bilden die Regesten. — *Kl.*

323. *Brewer, Karl.* Kaiser Ludwig der Baier in seinen Beziehungen zum Papst Johann XXII. 39 S. 8⁰. Staatsrealsch. zu Pilsen.

324. *Swoboda, Wilhelm.* Konstituierung der böhmischen Erbmonarchie durch Karl IV. Landes-Oberrealsch. in Znaim 1880 und 1881.

Während in Deutschland der Partikularismus dem Erbkönigtum entgegenarbeitete, bewirkten in Böhmen nationale Tendenzen die Fortentwicklung der einfachen Huldigungsakte zu einem Wahlrecht, welches in erster Linie die Krone Böhmen's dem deutschen Bestätigungsrechte entziehen sollte. Die Wahl Podiebrad's bezeichnet in dieser Hinsicht den entscheidenden Sieg der böhmischen Stände. Verf. schildert diese Entwickelung, desgl. eine retardierende Periode in anziehender Weise und geht mit Sorgfalt und Geschick den vielverschlungenen Wegen nach, auf denen Karl IV. eine Erweiterung und dauernde Begründung der luxemburgischen Hausmacht und schliefslich die Vererbung der deutschen Königskrone auf seinen Sohn zu erreichen suchte. Hier fehlt jedoch ein Hinweis auf Lindner's Geschichte König Wenzel's (1. Bd. 1875), die befremdlicher Weise auch sonst in dieser Arbeit nicht erwähnt ist. — *R. Horniger.*

325. *Donnemiller, N.* Der Römerzug Ruprecht's von der Pfalz und dessen Verhältnis zu Österreich, insbesondere zu Herzog Leopold. 51 S. 8⁰. K. K. Obergymn. zu Rudolfswert.

Ehe Ruprecht seinen Römerzug antreten konnte, mufste er nicht nur einen Teil der Italiener, sondern vornehmlich die Herzöge von Österreich und besonders den Herzog Leopold von Tirol gewinnen, dessen Verhältnis zu den Parteien Verf. ausführlich schildert. Nach längeren Verhandlungen gelang dies Ruprecht wenigstens hinsichtlich Leopold's. So konnte er denn endlich im Sept. 1401 mit Hilfe der Gelder der Florentiner aufbrechen. Der Zug aber scheiterte bereits bei Brescia, indem das deutsche Heer hier eine Niederlage erlitt, die den Feldzug entschied. Unter äufserster Geldnot leidend, kehrte Ruprecht 1802 nach Deutschland zurück. Gegen das bei bei Gataro und Poggi sich findende Gerücht jedoch, dafs Herzog Leopold damals geradezu Verrat geplant habe, verteidigt der Verf. den Herzog nachdrücklich. — *Kl.*

326. *Sieheking, H.* Beiträge zur Geschichte der grofsen Kirchenspaltung. 20 S. 4⁰. Annen-Realsch. zu Dresden. 481.

Verf., durch Krankheit an der Vollendung der angekündigten Arbeit verhindert, gibt anstelle derselben nur einige „Aphorismen". Diese sind: I. Anfang der grofsen Kirchenspaltung nach Dietr. von Niem (Übersetzung der Kapitel 1—12 des 1. Buchs aus der Historia de schismate mit Anmerkungen unter dem Text) und II. „Brief des Satanas an den Erzbischof Joh.

v. Ragnia" ans dem Nenius unionis des Niem (Auszug ans dem lateinischen Texte der Satire). Daran schliefst Verf. einige erläuternde Bemerkungen. — *Kl.*

327. *Frimbr, J.* Über den Ursprung der Schweizer Eidgenossenschaft. 45 S. 8°. Erste deutsche Staats-Oberrealsch. in Prag.

Nach einer historischen Übersicht über die Entstehung der Eidgenossenschaft wendet sich Verf. zur Überlieferung. Er gibt zunächst eine Geschichte derselben; er zeigt, wie die Tradition in der zweiten Hälfte des 15. Jahrh. in die Berichte eindringt, und wie sie sich durch neue Züge allmählich erweitert, bis sie bei Tschudi die bekannte Gestalt erhält. Zur Beurteilung der Tellsage zieht Verf. die ähnlichen Sagen anderer Völker, besonders die Tokosage des Saxo grammaticus, herbei, führt die verschiedenen Erklärungen der Sage an und wendet sich zuletzt zu den Forschungen, die sich mit der historischen Existenz der Hauptheiden beschäftigen. — *Kl.*

328. *Müller.* Frankreich's Unionsversuch unter der Regentschaft des Herzogs von Burgund 1393—1398. 28 S. 4°. Ev. Gymn. zu Gütersloh. 304.

Seit dem Jahre 1392 kam der Herzog Philipp der Kühne zu leitendem Einflufs auf den geisteskranken König Karl VI. Bald zeigte es sich, dafs die Krone ihre bisherige Stellung zum Papst von Avignon aufgab und sich der Unionspolitik zuwandte, die von der Universität vertreten war. Verf. ist bemüht zu zeigen, dafs nicht die Petitionen der Universität und der Geistlichkeit, sondern politische Rücksichten Philipp zu dieser Stellungnahme bewogen, und dafs überhaupt in den folgenden Verhandlungen ausschliefslich er die leitenden Gedanken angab. Schon damals habe sich, sagt der Verf., die Gegnerschaft der Herzöge von Burgund und Orléans gezeigt, die nachher Frankreich so verderblich wurde.

Den Schlufs der Abhandlung bilden zwei Excurse: „Beiträge zur Kritik der Chronik der Mönche von S. Denis" und „die Stellung der pfälzischen Partei zur Cession im Jahre 1397". — *Kl.*

329. *Strommer, Ferd.* Verwaltungszustand Österreich's im Dezember 1621. 32 S. 8°. Staats-Real- und Obergymn. zu Ungarisch-Hradisch.

330. *Gassner, Franz.* Die Bestrebungen Österreich's zur Erwerbung Baiern's. 30 S. 8°. Staats-Oberrealsch. in Sechshaus zu Wien.

331. *Kirsch.* Berichtigungen zu Schiller's Geschichte des dreifsigjährigen Krieges, I. Teil. 20 S. 4. K. kath. Gymn. zu Neifse. 166.

Da die meisten Leser von Schiller's dreifsigjährigem Krieg, besonders aber die Schüler, nicht imstande sind zu beurteilen, welche von seinen Angaben sie gläubig hinzunehmen, und welche sie als ganz oder teilweise falsch anzusehen haben, so will Verf. den Versuch machen die historischen Irrtümer des Dichters dem heutigen Standpunkte der Geschichtsforschung entsprechend zu berichtigen. Die Arbeit reicht in diesem I. Teile bis zur Schlacht bei Lützen. — *Kl.*

332. *Thamm.* Schnobelii dissertationes de pace. 15 S. 4º. Ev. städt. Gymn. zu Lauban. 162.

Joachim Schnobel, 1602 in Salzwedel geboren, wo er auch eine Zeit lang Konrektor war, erhielt in den dreifsiger Jahren des 17. Jahrh. einen Ruf als Professor der Jurisprudenz nach Rostock; auch wurde er Informator der beiden Söhne des Herzogs Adolf Friedrich I. Nach fast dreifsigjährigem Aufenthalt in Mecklenburg ward er Syndikus und designierter Bürgermeister zu Stettin, wo er 1671 starb. Mit den Prinzen und anderen adeligen Zöglingen hat Schnobel zunächst zweimal einen actus oratorius veranstaltet, deren zweiter die 1641 verfafsten und in Druck gegebenen fünf Dissertationes de pace behandelte. Gemeint ist ein Friede, der den Miseren und dem Jammer des 30jährigen Krieges ein Ende machen könnte. Von diesem Werke Schnobel's, der sich übrigens durchaus nicht als Politiker sondern als harmlosen Gelehrten erweist, wird ein ausführlicher Inhaltsauszug gegeben und zum besseren Verständnis eine Darlegung der mecklenburgischen Politik vom Jahre 1640 an bis 1648 hinzugefügt. — *Peters.*

333. *Šuklje, Franz.* Zur Geschichte der Septemberereignisse des Jahres 1792. (Fortsetzung.) 28 S. 8º. Staats-Gymn. zu Wiener-Neustadt.

334. *Berblinger, W.* Gerhard der Grofse und seine Residenz Rendsburg. 50 S. 8º. Gymn. und Realsch. zu Rendsburg. 243.

Der Inhalt der Arbeit ist kurz folgender: Gerhard der Grofse aus dem Schauenburger Hause, geb. kurz nach 1290, trat 1304, noch minderjährig die Regierung des mittleren Holstein an. Bald aber vergröfserte er sein Besitztum und zahlreiche glückliche Fehden verschafften ihm ein Ansehen, das selbst die grofse Niederlage, die er bei Hemmingstedt durch die Ditmarsen erlitt, nur vorübergehend erschüttern konnte. 1325 setzte er im Bunde mit dem dänischen Adel den dänischen König Christoph ab und erhob seinen Neffen Waldemar auf dessen Thron. Da aber dieser noch nicht mündig war, so war in Wirklichkeit Gerhard Regent und teilte sich später sogar mit seinem Vetter, Johann von Kiel, in das Königreich. So dauerte die ruhmreiche Herrschaft dieses gewaltigen Beschützers deutschen Wesens im Norden bis 1340, wo er durch Mörderhand in Randers fiel. Seine Hauptstadt Rendsburg hat ihm viel zu verdanken, besonders die Erweiterung ihres Gebiets und die Feststellung ihrer Selbständigkeit durch den grofsen Freibrief vom Jahre 1339. — *Kl.*

335. *Mirbach, W. Graf v.* Zur Territorialgeschichte des Herzogtums Jülich. II. 37 S. 4º. Rhein. Ritter-Akad. zu Bedburg. 366.

Besprochen wird die Geschichte folgender Ämter: Euskirchen, Montjoie, Randerath, Born, Boslar, Tomburg, Heinsberg, Geilenkirchen, Millen, Wassenberg, Nenenahr, Remagen. Dazu kommen Nachträge und Berichtigungen zu Teil I. — *Kl.*

336. *Rösner, W.* Historische Beschreibung des in der Grafschaft Glatz und zwar im Glatzer Kreise gelegenen Dorfes Ullersdorf von P. Joseph Kögler. 20 S. 4º. K. kath. Gymn. zu Leobschütz. 163.

Der Herausgeber bietet zunächst einige Vorbemerkungen über den Verf.

der Beschreibung, dessen Arbeiten die Hauptquelle für die Geschichte der Grafschaft Glatz geworden sind und dessen litterarischer Nachlafs sich im Pfarrarchiv zu Ullersdorf befindet. Aus diesem Nachlafs ist die Abhandlung veröffentlicht mit dem Wunsche das Interesse für die Geschichte der Grafschaft Glatz dadurch wenigstens so weit anzuregen, dafs die Kögler'schen Arbeiten veröffentlicht werden können. — *Kl.*

337. *Hertel, G.* Die Historia des Möllenvoigtes Seb. Laughans, betreffend die Einführung der Reformation in Magdeburg (1524). T. I. 26 S. 4°. Pädagog. zum Kloster uns. lieb. Frauen in Magdeburg. 202.

Sebastian Langhans mufs 1519 schon längere Zeit im Dienst des Bischofs gewesen sein, und wird noch 1538 erwähnt. Er ist Katholik, schreibt aber unparteiisch. Als Möllenvoigt war er der oberste Polizeibeamte des Erzbischofs in den Vorstädten und stand daher mitten in der Bewegung; was in der Stadt vorgeht, weifs er genau, die politischen Ereignisse dagegen sind ihm weniger bekannt. Seine Aufzeichnungen reichen vom 6. Mai 1524 bis zum 3. Februar 1525 und haben die Form eines Tagebuchs. Das Original ist nicht mehr vorhanden, wir haben nur eine schlechte, lückenhafte Übersetzung ins Hochdeutsche, mit zahlreichen niederdeutschen Formen. Das Manuskript hat 206 Seiten, der Herausgeber teilt es mit bis Seite 93. — *Kl.*

338. *Michael.* Urkundliche Mitteilungen aus dem Archiv der Stadt Bielefeld. 19 S. 4°. Gymn. und Realsch. I. O. zu Bielefeld. 297.

Aus dem vorhandenen Material gibt der Verf. eine Auslese. Zunächst veröffentlicht er einige landesherrliche Urkunden, die älteste ist vom Jahre 1317, die jüngste vom Jahre 1588. Die übrigen gehören dem 14. und 15. Jahrh. an und betreffen verschiedene städtische Verhältnisse. — *Kl.*

339. *Disselbeck.* Zur Geschichte der Stadt Rheinbach. Progymn. zu Rheinbach. 395.

340. *Genthe, H.* Duisburger Altertümer. Ein Beitrag zur Geschichte der Stadt Duisburg und zur prähistorischen Karte Deutschland's. 73 S. 8°. mit 3 Tafeln. Gymn. in Duisburg. 377.

Verf. gibt zunächst geschichtliche Nachrichten über die bei Duisburg gemachten und in die Sammlung des Gymnasiums aufgenommenen Funde und dann ein Verzeichnis derselben, welches 225 Nummern umfafst. Hierauf bespricht er das grofse Grabhügelfeld, die Fundstellen sowie die Fundgegenstände selbst und wendet sich alsdann zu einem kleineren Kirchhofe. Auf beiden Fundstellen zeigt sich nur Leichenbrand. Daraus, sowie aus der Beschaffenheit der Urnen etc., ergibt sich, dafs der kleinere Kirchhof der Merovingerzeit, das gröfsere Feld dagegen der altgermanischen Zeit bis zum 4. christl. Jahrh. angehört. — Am Schlufs sucht Verf. den Beweis zu liefern, dafs Duisburg im Mittelalter unmittelbar an einem Rheinarme gelegen hat. — *Kl.*

341. *Volkmann, E.* Die Originalurkunden des Elbinger Stadtarchivs von 1618 bis 1768. 30 S. 4°. Gymn. zu Elbing. 22.

Das Elbinger Stadtarchiv enthält aus der angegebenen Zeit 201 Urkunden, davon 85 aus den Jahren 1618—48, 83 von 1649—99 und 33 von

1700—1768. Verf. gibt ein Verzeichnis dieser Urkunden und teilt zugleich von jeder kurz Inhalt, Ausstellungsort und Datum mit. — *Kl.*

342. *Sarg, A.* Materialien zur Geschichte der Stadt Meseritz. III. Beitrag. Die finanziellen Verhältnisse. 24 S. 4º. K. Progymn. zu Tremessen. 137.

Die Zachert'sche Chronik, die Hauptquelle für Meseritz, zählt die Abgaben auf, die unter der polnischen Herrschaft zu zahlen waren. Zu diesen Angaben gibt Verf. Ergänzungen und Berichtigungen aus dem urkundlichen Material. Ausführlich behandelt er in diesem Programm die Hiberna oder Winterquartiergelder. Die hierbei gegebenen Berichte über die wiederholten Reisen des Stadtsyndikus sind von allgemeinem Interesse, da sie einen Einblick in die damaligen Zustände Polen's gewähren. — *Kl.*

343. *Mande, Ignaz.* Freistadt's Handelsgeschichte und Handelsleben (I. Abteilung). 69 S. 8º. Staatsgymn. zu Freistadt.

344. *Strobl, J.* Die Städte-Krems und Stein im Mittelalter. 70 S. 8º. Nied.-Österr. Landes-Oberrealsch. in Krems.

Verf. beginnt damit die mannigfachen Völkerbewegungen in jenen Gegenden im Beginn des Mittelalters zu schildern. Krems selbst wird urkundlich zuerst 995 erwähnt, 1125 kommt es zum ersten Mal als Stadt vor. 1305 erhielten beide Städte Krems und Stein vom Herzog Rudolf III. ihr Stadtrecht aufgrund des Wiener Rechts. Nach diesem und einigen anderen Urkunden bespricht Verf. die Zustände in Krems-Stein während des 14. Jahrhunderts. Mit S. 43 beginnen die Beilagen, Urkunden aus dem Archiv der Stadt Krems, 3 aus dem 13., die übrigen 18 aus dem 14. Jahrh. Die Nummern 4 und 5 sind die beiden Stadtrechtsdiplome. — *Kl.*

345. *Manul, O.* Aus dem Manuale des Pilsener Bürgermeisteramts von 1604—1610. Mit Ergänzungen aus Tanner's Chronik von Pilsen. 23 S. 8º. K. K. Obergymn. zu Pilsen.

Das Manuale des Pilsener Bürgermeisteramts umfaßt die Jahre 1604—1783, aber mit großen Lücken. Aus dem ersten Bande, der die Jahre 1604—1610 enthält, teilt Verf. die Angaben mit, welche sich auf öffentliche Angelegenheiten beziehen, und ergänzt sie hauptsächlich aus Tanner's Chronik. Wir erfahren aus ihnen einige Vorgänge aus dem Feldzuge des Jahres 1605 gegen die Schaaren Stephan Bocskay's sowie Näheres über die Schuldennot, in welche die Stadt dadurch geraten war, daß sie für den Kaiser Bürgschaft geleistet hatte. Auch über die Parteiungen in Böhmen in dieser bewegten Zeit geben die Protokolle wenigstens einige Nachrichten. — *Kl.*

346. *Terwelp, G.* Geschichte des Klosters unserer lieben Frau zum h. Thomas bei Andernach. 23 S. 4º. Progymn. zu Andernach. 364.

Das genannte Kloster lag im Süden der Stadt. Wann es gegründet wurde, ist ungewiß. 1129 aber, als es neu geweiht und mit Nonnen, die nach der Regel des h. Augustinus leben sollten, besetzt wurde, lag es schon mehr als 200 Jahre wüst. 1633 litt das Kloster sehr durch die Schweden. 1794 zündeten die Franzosen es an, nachdem es einige Jahre vorher in ein Damenstift verwandelt war. Von den alten Gebäuden ist nur wenig übrig geblieben. — Zum Schlufs bringt Verf. ein Verzeichnis von Meisterinnen, Äbtissinnen und Nonnen des Klosters. — A7.

347. *Rackwitz*, Urkunden des Servitenklosters Himmelgarten bei Nordhausen. I. Urkunden bis zur Mitte des 14. Jahrhunderts. 28 S. 4°. Realsch. 1. O. zu Nordhausen. 227.

Aus den Archiven von Nordhausen und Stolberg hat der Herausgeber die Urkunden zusammengestellt und veröffentlicht, die sich auf die Geschichte des Klosters Himmelgarten beziehen, zunächst bis zum Jahre 1345. Es sind 28 Nummern; die ältesten stammen aus dem Jahre 1295; Nr. 5 und 6 sind Urkunden Bonifacius VIII., No. 23 ein Diplom Kaiser Ludwig's des Bayern. — *Kl.*

348. *Heinrich.* Das Stift der regulierten Augustiner-Chorherren zu Sagan in Schlesien und sein Besitzstand im 15. Jahrh. Nach dem Zinsregister des Abtes Ludolf I. vom Jahre 1417. 24 S. 4°. K. kath. Gymn. zu Sagan. 174.

Abt Ludolf I. 1394—1422, unter dem das Kloster in geistlichen und weltlichen Dingen gedieh, hatte nach den Angaben seines Biographen ein Registrum omnium bonorum, que pro tunc monasterium habuit, anfertigen lassen. Dieses Register, welches für verloren galt, hat Verf. in der Pfarrbibliothek zu Sagan wieder aufgefunden, und schildert aufgrund desselben die Zustände des Klosters in der damaligen Zeit, besonders die Besitzverhältnisse, Einkünfte und Rechte. Dazu kommen vier Beilagen: 1. ein Ablafsbrief, 2. ein Lehnsbrief des Abtes von 1408, 3. eine kurze Abhandlung über die Saganer Minoriten und 4. eine ebensolche über den ersten Weihbischof der Diözese Breslau. — *Kl.*

349. *Froitzheim.* Neuere Geschichte für höhere Schulen Elsafs-Lothringen's. Abteilung I. 1517—1648. 37 S. 4°. Neue Realsch. zu Strafsburg. 457.

Verf. gibt eine allgemeine Geschichte mit Hervorhebung der classischen und der französischen Verhältnisse. Um eine fesselnde Darstellung zu schaffen, nahm er lieber das beste, was er sonst vorfand, in seine Darstellung auf, als dafs er das schon besser, ja klassisch Gesagte durch Umschreibung verschlechterte. — A7.

350. *Thamm.* Zur Kritik von Oettinger's „Moniteur des Dates". 20 S. 4°. Ev. städt. Gymn. zu Laubau. 162.

Es wird unter 8 Rubriken eine grofse Anzahl zumteil recht erheblicher Irrtümer und Mängel des genannten Werkes nachgewiesen. In einem Anhang wird das „Supplement" besprochen, und wenn auch anerkannt wird, dafs seit dem Eintreten des Dr. Hugo Schramm, und noch mehr seit der selbständigen Übernahme der Redaktion durch denselben, gröfsere Sorgfalt angewendet ist, so wird doch auch hier eine nicht geringe Anzahl von Belegen für die Unvollständigkeit und die Mängel des Werkes aufgeführt, so dafs Verf. zu dem Schlusse kommt: „Oettinger's Moniteur des Dates ist für wissenschaftliche Zwecke unbrauchbar". — *R. H.*

351. *Löfflfr, A.* Übersichtliche Darstellung der Entdeckungsgeschichte Australien's. 66 S. 8°. Kommunal-Ober-Gymn. in Brüx.

Verf. verfolgt zunächst die Seefahrten, welche zur Feststellung der Küstenlinien Australien's führten. Erst 1802 stand es fest, dafs Australien ein ungeteilter Kontinent sei. Seit 1813 beginnen die Versuche das Innere des Landes aufzudecken. Verf. bespricht diese Landreisen bis zur Durchkreuzung West-Australien's. — An diese Darstellung schliefsen sich statistische Notizen aus den letzten Jahren über die wirtschaftlichen Zustände der wichtigsten Kolonieen daselbst. — *Kl.*

352. *Hordk, F.* Das Bachergebirge. I. 22 S. 8°. K. K. Staatsgymn. in Marburg.

Das Bachergebirge ist die südl. der Drau gelegene Fortsetzung des vom Speikkogel nach SO. ziehenden Teils der steirischen Uralpen. Der Name Bacher kommt von dem slovenischen Pohorje (Bergland, Gebirgskette). Von Unter-Drauburg aus streicht das Gebirge erst nach SO., dann nach O. und zuletzt nach NO. Seine Länge beträgt 55 km., seine gröfste Breite 26 km., seine Fläche 16¹/₂ ☐M. Der Bacher ist ein Kettengebirge mit transversalen Nebenrücken. Er besteht aus krystallinischen Massen und krystallinischen Sedimentgesteinen, aber auch aus Gesteinen jüngerer Formation, welche entweder die Vorberge bilden oder sich an den Hauptrücken anlehnen. Die Gipfel sind Kuppen; zwischen ihnen liegen wenig niedrigere, breite Sättel. Dazu kommen ausgedehnte Plateaux. Die mittlere Kammhöhe beträgt 1130 m., die Gipfel erheben sich bis 1500 m. und darüber. Das Gebirge ist ein Waldgebirge. — Wir entnehmen diese Angaben dem ersten Abschnitt der Arbeit, der Orographie. Der zweite gibt eine geognostische Skizze des Bachergebirges. — *A7.*

353. *Rittau, J.* Joh. Reinhold Forster's Bemerkungen auf seiner Reise um die Welt. 34 S. 4°. K. Gymn. zu Hanau. 337.

J. R. Forster und sein Sohn Georg begleiteten als Naturforscher Cook auf seiner zweiten Reise 1772—75. Nach der Reise schrieb Forster seine Observations made during a voyage round the world, eine allgemeine Geographie mit Ausschlufs der mathematischen, welche zum grofsen Teil neue, mit Klarheit und überzeugender Kraft vorgetragene Ansichten über allgemeine Fragen aus dieser Wissenschaft enthielt, und grofses Interesse erweckte. Verf. bespricht nun in seiner Arbeit die vier ersten Hauptstücke des Forster'schen Werkes vom heutigen Standpunkte der Wissenschaft aus und zeigt, dafs viele von Forster's Bemerkungen dauernden Wert haben, manche noch heute nicht genügend gewürdigt, ja sogar ganz in Vergessenheit geraten sind. — *Kl.*

354. *Gaquoin, K.* Zur Technik des geographischen Unterrichts. 8 S. 4°, mit 11 Tafeln. Grofsherzogl. Realsch. zu Darmstadt. 553.

Verf. ist ein Anhänger der sogenannten konstruktiven Methode beim Kartenzeichnen. Die Tafeln enthalten Beispiele, wie er sich die Zerlegung und Nachkonstruktion denkt. Er will kein künstliches System von Hilfslinien und Stützpunkten; vielmehr sollen diese aus der vorliegenden Gestaltung selbst stammen und belasten dann, wie er glaubt, das Gedächtnis durchaus nicht. — *Kl.*

355. *Mucke.* Entwurf eines Lehrplans für den geographischen und geschichtlichen Unterricht nebst Bemerkungen über die Methodik desselben. Gymn. zu Rogasen. 133.

H. Mathematik.
a) Geometrie.

356. *Majer.* Proclus über die Definitionen bei Euklid. I. 1—7 mit 2 Tafeln. 30 S. 4°. K. Gymn. in Stuttgart. 514.

Verf. behandelt den Kommentar des Proclus zu Euklid so, dafs er zunächst eine Übersetzung der Hauptsätze aus den ersten sieben Definitionen (Punkt, Linie, Ebene) mit kritischen Bemerkungen und Varianten gibt und dann ihn selbst bespricht und kritisiert. Eine ähnliche Arbeit über Axiomata und Petita bei Euklid ist (Tübingen 1875) vorangegangen. — *Thurein.*

357. *Hofmann, J.* Die Geometrie in ihrer Abhängigkeit von den Mafsverhältnissen des Raumes. 19 S. 8°. K. K. erstes Staats-Gymn. in Graz.

Die Mannigfaltigkeit der Lagen eines Punktes führt zu dem Begriffe des n-fach ausgedehnten Raumes, von dem der zunächst zu betrachtende dreidimensionale ein specieller Fall ist. Von der Betrachtung des Linienelements ds wird zum Flächenelement übergegangen und zum Krümmungsmafs der Fläche. Dieses führt zur Einteilung in die Euklid'sche Geometrie, die der Sphärik und die der Pseudosphärik, je nachdem jenes Mafs null, positiv oder negativ ist. Zuletzt werden noch einige Verhältnisse des vierdimensionalen Raumes betrachtet. — *Thurein.*

358. *Hofmann, E.* Der Anfangsunterricht in der Geometrie. 20 S. 4°. K. Realsch. I. O. zu Reichenbach i. Schl. 186.

Die wichtigsten Lehrsätze des geometrischen Pensums für Quarta sind mit ihren teils ausgeführten teils angedeuteten Beweisen gruppenweise zusammengestellt bis zu den Sätzen von der Kongruenz, der gefällten Normale (gleichschenkl. Dreieck), dem Umkreise (Halbierungslot) und Inkreise (Winkelhalbierende). Alle für diesen Standpunkt zu schwierigen Definitionen sind vermieden; statt der Figuren sind praktische Anleitungen gegeben sie zu zeichnen. — *Thurein.*

358. *Knirr, Joseph.* Das rechtwinklige rationale Dreieck. 4 S. 8°. Staats-Oberrealsch. im II. Bezirke zu Wien.

360. *Kaiser.* Über einige Hauptpunkte des geometrischen Unterrichts. 25 S. 4°. Städt. Gewerbesch. (Realsch. II. O.) zu Remscheid. 415.

Verf. bespricht den propädeutischen Unterricht sowie die Anordnung des Lehrstoffes und zeigt an einigen speciellen Punkten, dafs eine Vereinfachung der Methode nicht blofs wünschenswert sondern auch möglich sei. — *Fl.*

361. *Sonnenburg.* Der goldne Schnitt. Beitrag zur Geschichte der Mathematik und ihrer Anwendung. 22 S. 4°. K. Gymn. zu Bonn. 367.

Zweck der Abhandlung ist zu zeigen, worauf es beruht, dafs die geometrische Konstruktion des goldenen Schnittes als ein allgemeines formbestimmendes Naturgesetz und als ein oberster Satz im Schönheits-Kanon der bildenden Künste betrachtet worden ist, und dann zu begründen, dafs diese Ansicht für die Erkenntnis der Natur oder für die Erzeugung und Beurteilung von Kunstwerken ganz wertlos ist. — *Fl.*

362. *Fritzsche.* Das Deltoid. Eine geometrische Studie. Realsch. zu Pirna. 498.

363. *Kieckl, J.* Analytische Entwickelung von Gleichungen über drei in demselben Punkte sich schneidende Transversalen eines Dreiecks. 20 S. 8°. K. K. Real- und Obergymn. in Feldkirch.

Einleitend werden die Beziehungen besprochen, die bei der innern und bei der äufseren Teilung einer Strecke zwischen den Koordinaten und den Teilverhältnissen stattfinden. Die Resultate werden angewendet auf 3 von einem zunächst in endlicher, dann in unendlicher Entfernung liegenden Punkte ausgehenden Transversalen eines Dreiecks. Es werden Gleichungen aufgestellt zwischen den Produkten dieser Teilverhältnisse, die für spezielle Fälle zu einfachen Resultaten führen. Eine Figurentafel ist beigegeben. — *Thurein.*

364. *Hesse.* Über die Teilung des Winkels, speciell die Trisektion. 22 S. 4°. Kaiser-Wilhelms-Gymn. in Montabaur. 340.

Es wird zu einer gegebenen Basis AB der Ort für die Spitze P gesucht, so dafs die Höhe Px den Winkel P teilt in α und $(n-1)\alpha$. Die Tangenten beider werden durch $h = y$ und $Ax = x$ ausgedrückt. Die daraus resultierende Gleichung stellt eine Asymptotenkurve vom n-ten Grade vor. In jedem um AB geschlagenen Kreise wird der Peripheriewinkel durch das vom Schnittpunkt gefällte Lot entsprechend geteilt. Die Kurve 3. Grades wird genau untersucht, die vom 5. nur kurz besprochen; beide sind auf einer beigegebenen Tafel dargestellt. — *Thurein.*

365. *Knobl, E.* Die geometrischen Konstruktionen der Aufgaben ersten und zweiten Grades. 35 S. 8°. 2 Tafeln. K. K. Staatsgymn. in Salzburg.

Die von Steiner vorgeführten Lösungen von Aufgaben ersten Grades und seine Konstruktionen mittels des Lineals und eines festen Hilfskreises werden insofern verallgemeinert, als statt des Kreises ein beliebiger Kegelschnitt als gegeben angenommen wird. Anwendung wird gemacht auf alle Rechnungsoperationen mit Doppelverhältnissen, Strecken, Winkelgröfsen und eine Reihe von Konstruktionen, die zumteil eine gegebene Parallele oder die Zeichnung derselben durch das Parallellineal verlangen. — *Thurein.*

366. *Schoemann, H.* Apollonius von Perga. Teil II. 12 S. 4°. K. Päd. zu Putbus. 110.

Verf. gibt für Gymnasialprimaner eine systematische Zusammenstellung zweier Gruppen von Aufgaben, die Apollonius rein geometrisch behandelt hat. — *Köhler.*

Kiehl. Zur Theorie der Transversalen. Städt. Realsch. zu Bromberg. 39.

Schneiden sich drei Ecktransversale eines Dreiecks in einem Punkte, zieht man drei neue Ecktransversale, welche mit einer der anstofsenden Seiten denselben Winkel bilden, wie die ursprünglichen mit der andern, erhält man den Winkelgegenpunkt des ersten Punktes. Bestimmt man jeder Dreiecksseite einen neuen Teilpunkt, welcher von der einen Ecke nso weit absteht, wie der Fufspunkt der ursprünglichen Ecktransversalen der anderen Ecke, und zieht die Ecktransversalen, so erhält man den teagegenpunkt. Die Betrachtung dieser beiden Gegenpunkte, namentlich Winkelgegenpunktes des Schwerpunktes, bilden die Grundlage der Abdlung. — *Fl.*

Silldorf. Analytische Entwickelung von Sätzen, welche die Oberflächen . Ordnung betreffen und aus synthetischen Betrachtungen hervorgehen. 9 S. 4º. R. l. O. zu Magdeburg. 225.

Es wird ein Ebenenbüschel betrachtet in Beziehung auf eine Oberfläche)rdnung, sodann ein Strahlenbündel in gleicher Beziehung, und eine Anzahl Sätzen, die sich leicht aus synthetischen Betrachtungen herleiten lassen, lytisch entwickelt. — *Benoit.*

Binder, Wilhelm. Die Centralprojektion als Hilfskonstruktion in der)rthogonalprojektion, nebst einer Vorrede über „die Stellung der darstellenden Geometrie im Lehrplane der allgemeinen Mittelschule". 45 S. *º.* Landes-Oberreal- und Maschinenschule in Wiener-Neustadt 1882.

In dieser auch als selbständige Broschüre erschienenen Programmarbeit 1880/81 gibt der Verf. zunächst seinem lebhaften Bedauern darüber Ausck, dafs in den österreichischen Realschulen bei der gewährten geringen ndenzahl das durch den Normallehrplan vorgesteckte Lehrziel nicht zu :ichen sei. Hauptsache aber ist ihm der Nachweis der Notwendigkeit, die bisher hintenangesetzte Lehre von der Centralprojektion in den rdergrund gerückt werde und im Zusammenhange mit der Orthogonaljektion zu lehren sei. Sodann erläutert er an einer Reihe von Aufen seine Ansichten über die Art und Weise, wie die Centralprojektion mentar begründet und gelehrt werden soll. — *Muschke.*

Schwering. Mathematische Miscellen. 13 S. 4º. K. Gymn. Nepomuceaanum zu Coesfeld. 301.

Es sind drei in keinem Zusammenhange stehende Aufgaben behandelt: eine Halbkugel soll durch eine dem Grundkreise parallele Ebene ihrem alte nach halbiert werden; 2) direkte Bildung der Gleichung, welche die ppeltangenten einer Kurve vom Geschlechte Null finden läfst; 3) Summe Flächeninhalte aller Kreise, welche einem Kreissegmente sich gegenig berührend eingeschrieben sind. — *Fl.*

Schnck. Rhombenkörper. 31 S. 8º. Kommunal-Oberrealsch. in Leitneritz.

Drei von Rhombenflächen begrenzte Körper, Rhomboëder, Rhombendodeëder und Rhombentriakontaëder, werden elementar und (namentlich der erste) ausführlich behandelt. Ihre Eigenschaften werden entwickelt, die Verhältnisse der Achsen zu einander und zu den Kanten. Es werden mehrere Formeln aufgestellt für Oberfläche und Rauminhalt, mit und ohne Hilfe der Trigonometrie, auf Kanten, Diagonalen und Achsen bezogen. Auch wird die Entstehung derselben aus regulären Körpern und dieser aus ihnen besprochen. 12 Figuren und eine Netztafel dienen zur Erläuterung. — *Thurein.*

372. *Müller, Ignaz.* Von den konvexen Rhomboëdern. 52 S. 8°. Kommunal-Real- und Obergymn. im II. Bezirke zu Wien.

373. *Godt.* Untersuchungen über Polyeder von mehrfachem Zusammenhang. 16 S. 4°. Katharineum zu Lübeck. 632.

Im Anschluss an die von Jordan im Crelle B. 66 und 70 veröffentlichten Untersuchungen über Polyeder von einfachem Zusammenhange unternimmt Verf. nach neuer Methode eine Untersuchung der Polyeder mehrfachen Zusammenhanges. — *Köhler.*

374. *Vogt, Heinrich.* Das Tetraëder mit Höhenschnittpunkt. 12 S. 4°. K. Friedrichs-Gymn. zu Breslau. 147.

Elementar-synthetische Ableitung der Eigenschaften des Tetraëders T_H, dessen Höhen sich schneiden, dann Ableitung der Grundbedingung für das Schneiden der Höhen. In § 2 bis § 13 werden die besonderen Eigenschaften des T_H inbezug auf Lage von Schwerpunkten und Mittelpunkten gewisser Kugeln, namentlich der dem Feuerbach'schen Kreise analogen etc., ausführlich untersucht. Zum Schluss wird die Analogie weiter durchgeführt, welche zwischen dem Höhenpunkt eines T_H und einem gewissen von Monge zuerst bemerkten Punkte des allgemeinen Tetraëders besteht. — *Köhler.*

b) Analytische Geometrie.

375. *Ellinger, Julius.* Einiges über den Unterricht in der analytischen Geometrie. II. 25 S. 4°. K. R. I. O. zu Tilsit. 13.

Verf. will, indem er auf das Programm von 1871 hinweist, nochmals an einem Bruchstücke veranschaulichen, wie nach seiner Ansicht ein Leitfaden beim Unterricht auf Realschulen beschaffen sein müsste, und wählt dazu die Fundamentalsätze über die Linien ersten Grades und den Kreis. — *Fl.*

376. *Quickle, Adolf.* Analytisch-geometrische Aufgaben. R. I. O. zu Erfurt. 222.

49 Aufgaben, welche die Kegelschnitte betreffen, teilweise mit Andeutungen für die Lösung. — *Fl.*

377. *Bachmann, P.* Über die Bewegung eines Punktes. 18 S. 4°. K. Friedrich-Wilhelms-Gymn. zu Berlin. 1882.

Die Arbeit bietet eine Anwendung bekannter Prinzipien auf den Fall der Anziehung einer unendlich langen homogen mit Masse belegten Geraden auf einen materiellen Punkt umgekehrt proportional der n-ten Potenz der Entfernung. Verf. schliesst mit der Durchführung eines numerischen Beispiels. — *Maschke.*

3. *Züge.* Über die Bewegung eines materiellen Punktes auf vorgeschriebenen Kurven und cylindrischen Flächen unter Einwirkung einer Attraktionskraft. 26 S. 4°. K. Gymn. Georgianum zu Lingen. 268.

Die Gröfse der Kraft wird proportional einer beliebigen ganzen Potenz Entfernung, ihre Richtung durch einen mit der Fläche verbundenen ikt gehend genommen, der auf der Achse oder aufserhalb derselben liegt. Fläche bewege sich fortschreitend in horizontaler (xy) oder vertikaler (z) htung. Die Bewegungsgleichungen werden erst allgemein aufgestellt führen dann, speciell behandelt, auf Parabel, Cycloide, Cardioide, Spirale, uniscate etc. — *Thurein.*

Sonntag, A. Die Brachystochrone auf dem Rotationsparaboloid. 9 S. 4°. !ealsch. II. O. zu Bockenheim. 344.

Verf. betrachtet zuerst den Fall, dafs die Endpunkte des Weges, den der Schwere unterworfene Punkt macht, auf demselben Meridiane liegen, n den, dafs sie beliebige Lage haben, hierauf die Fortsetzung des Weges ie den Fall, dafs die Bewegung die Form periodischer Schwingungen immt. Zuletzt wird die Länge der Brachystochrone bestimmt. — *Thurein.*

Roeven, C. Über die involutorische isogonale Verwandtschaft $W^2+Z^2+AWZ=B$. 21 S. 4°. Gymn. zu Crefeld. 375.

1. Kriterien für die Lage zugehöriger Ellipsen, resp. Hyperbeln. 2. Unsuchung über den Sinn, in welchem zugehörige Punkte Ellipsen resp. ierbeln durchlaufen. 3. Ausnahme von der allgemeinen Regel, dafs Ellipresp. Hyperbeln wieder Ellipsen resp. Hyp. entsprechen für die Punkte, der Bewegungssinn sich ändert. 4. Untersuchung der Punkte, in welchen letztere der Fall ist und Folgerungen daraus. 5. Specielle Fälle. — *ler.*

Kössler, Paul. Über die Entstehung eines Kegelschnittbüschels aus einem trahlenbüschel nach der Methode von Newton. 48 S. 4°. und 4 Tafeln. L. kath. Matthias-Gymn. zu Breslau. 148.

1. Entstehung eines Kegelschnittes durch zwei um die Punkte A u. B erende Winkel. 2. Kegelschnittbüschel. 3. Mittelpunktskegelschnitte. Die Durchmesser der Kegelschnitte. — *Köhler.*

Blasel, C. Die Cissoide und eine ihr verwandte Kurve. 16 S. 4°. 6 Fiurentafeln. R. I. O. zu Neifse. 185.

Um Schülern der Oberklasse die Untersuchung einer Kurve 3. Ordnung teigen, wird die Gleichung der Cissoide auf drei verschiedene Arten für twinklige Koordinaten entwickelt, untersucht und für Polarkoordinaten eformt. Dann wird die Ophioide betrachtet, von der die Cissoide ein ieller Fall ist. Endlich wird gezeigt, wie mittels der Cissoide das Dene Problem zu lösen ist, die Seite eines Würfels von doppeltem Volumen finden, wenn die Seite des einfachen Würfels gegeben ist. — *Thurein.*

Weissel, Wilhelm. Elementar-Untersuchungen über die Eigenschaften ner windschiefen Fläche. 20 S. und 3 Taf. 4°. Städt. Gymn. zu Greifsald. 107.

Nachdem die Erzeugung der windschiefen Fläche und ihre Haupteigenschaften abgeleitet sind, werden besondere Fälle inbetracht gezogen. Dann untersucht Verf., wie man zu einer Geraden die ihr zugeordnete auffindet, und beweist einige Sätze über Projektionen von Geraden. Zum Schluſs kürzeste Linien auf einer windschiefen Fläche. — *Köhler*.

384. *Schwenborn, W.* Die Sechs-Punkt-Kreise des ebenen Dreiecks. 22 S. 4⁰. K. Wilhelms-Gymn. zu Krotoschin. 126.

Sätze über die von einem innerhalb oder auſserhalb eines Dreiecks gelegenen Punkte auf die Dreieckseiten gefällten Lote. Definition zugehöriger Punkte des Dreiecks, Sätze über die von diesen auf die Dreieckseiten gefällten Lote. Beweis der Formel $\overline{O_1 O_2}^2 = 4(R^2 - P_a q_a)$, wo R der Radius des Sechs-Punkt-Kreises ist. Anwendung der allgemeinen Gleichung auf acht einzelne Fälle. — *Köhler*.

385. *Nebelung.* Trigonometrie auf Flächen mit konstantem negativem Krümmungsmaſse. 13 S. 4⁰. Städt. Gewerbesch. zu Dortmund. 325.

Nach Erwähnung der von Gauſs und Beltrami entdeckten Eigenschaften der Flächen mit konstantem Krümmungsmaſse definiert Verf. das pseudosphärische Dreieck als das von geodätischen Linien begrenzte Dreieck auf einer Fläche von sonst neg. Krümmungsmaſse (K). Nachdem darauf die 3 Fundamentalgleichungen einer Trigonometrie für Flächen von beliebigem k abgeleitet sind, werden für den Fall $k = 1$ die drei Grundformeln mit Hilfe der hyperbolischen Funktionen einfacher ausgedrückt und ihre Anwendung zur Berechnung der Seiten und Winkel erläutert. Specielle Entwickelung der Formeln für das rechtwinklige Dreieck. Als Anwendung des Gauſs'schen Satzes von der curvatura integra folgt, daſs die Summe der Winkel eines pseudosphärischen Dreiecks $< 2 R$ ist. — *Köhler*.

386. *Frosch, Karl.* Die Krümmungsradien der Normalschnitte und schiefen ebenen Schnitte der Oberflächen zweiter Ordnung. 11 S. 4⁰. Städt. Gymn. zu Kattowitz. 160.

Die allgemeine Gleichung eines Kegelschnittes wird bezogen auf einen Punkt der Peripherie als Anfangspunkt O und die Tangente in O als x-Achse. Der Koefficient von x^2 bezeichnet dann den reciproken Krümmungsradius der Kurve in O. Einfache Konstruktion des Krümmungskreises. Dann wird bewiesen, daſs die Krümmungsradien der durch O gelegten Normalschnitte den Quadraten der Halbmesser proportional sind, wenn diese den Tangenten der Normalschnitte parallel sind. Ableitung des Satzes über den Krümmungsradius eines schiefen Schnittes $r' = r \cos w$. Schlieſslich wird analog die Untersuchung für beliebige Oberflächen allgemein durchgeführt. — *Köhler*.

387. *Rolleder, A.* Die Raumkurven III. O. als Schnittlinien zweier windschiefen Flächen II. O., welche eine Erzeugende gemein haben. 20 S. 8⁰. mit 2 Fig.-Tafeln. K. K. Staats-Unterrealsch. im V. Bezirk in Wien.

Es wird zuerst nachgewiesen, daſs Flächen II. O., welche gradlinige Erzeugende haben, sich in Kurven III. und nicht IV. Ordnung schneiden. Dann wird gezeigt, wie diese Kurven zu untersuchen und ihre Projektionen darzustellen sind, endlich wie die räumliche Parabel, Ellipse, Hyperbel und die parabolische Hyperbel aus zwei einfachen Hyperboloiden oder hyperbolischen Paraboloiden oder aus je einem von beiden darzustellen sind. — *Thurein.*

388. *Severa, Theodor.* Theorie der ebenen rationalen Kurven III. O. 17 S. und 1 Tafel. Erstes deutsch. Staatsgymn. zu Brünn.

389. *Menyer, J.* Studien über den Kegel II. O. 16 S. 8° und 2 Fig.-Tafeln. K. K. Staats-Oberrealsch. in Graz.

Zweck der Abhandlung ist nicht eine Vervollständigung der Theorie des Kegels II. O., sondern eine konstruktive Ausführung einzelner Betrachtungen und die Lösung einzelner Konstruktionsaufgaben. Es werden behandelt und konstruiert der gleichseitige Kegel, der orthogonale Kegel, die Hauptachsen, Hauptebenen, Brennstrahlen und Kreisebenen. — *Thurein.*

390. *Bernhard.* Über die analytische Behandlung des Kegels II. O. 18 S. 4° und 1 Figurentafel. K. Württemberg. Gymn. zu Schwäbisch Hall. 511.

Die Kegelfläche II. O. soll elementar für Schüler verständlich behandelt werden. Verf. geht aus von der Gleichung $Ax^2 + By^2 - Cz^2 = 0$; untersucht zuerst die Stetigkeit der dargestellten Fläche, dann die Kurven, welche durch die auf verschiedene Art gelegten Schnitte entstehen, und findet die Bedingungen, unter denen sie auch bei elliptischer Grundfläche Kreise werden. Nun untersucht er die Berührungsebenen, berechnet den Inhalt und leitet zuletzt aus der Definition des Begriffs der Kegelfläche die Gleichung derselben ab. — *Thurein.*

391. *Weinmeister, J. Ph.* Die Flächen zweiten Grades nach elementar-synthetischer Methode. II. Teil. 42 S. und 3 Taf. 4°. K. I. O. zu Leipzig. 490.

IV. Der allgemeine Kegel: Der schiefe Kreiskegel, der grade elliptische Kegel, der Polarkegel; die Schnittfigur einer beliebigen Ebene mit dem allgemeinen Kegel. Fokaleigenschaften des Kegels und deren polare Beziehungen. Specielle Kegel: Sphärische Kegelschnitte. Die reciproke Polare eines Kegels in Beziehung auf eine Kugel. Allgemeine Fokalgebilde des ebenen Kegelschnittes. V. Die allgemeine Fläche: Diskussion derselben. Das einschalige Hyperboloid als Linienfläche; das allgemeine und das gleichseitige hyperbolische Paraboloid. — Anhang: Quadraturen und Cubaturen mittels des Cavalierischen Prinzips. — *Kühler.*

392. *Witte, Georg.* Über die Konstruktion der Kurven III. O. aus drei Polpaaren. 19 S. 4°. Albinus-Schule in Lauenburg a. d. Elbe. 250.

Aus der allgemeinen Gleichung einer Kurve III. O. wird die Gleichung der besonderen Kurve abgeleitet, von welcher drei Polpaare gegeben sind. Bedeutung der Gleichung für den Fall, dafs 3 Koordinaten verschwinden. Lösung der Aufgabe, aus den Koordinaten eines gegebenen Kurvenpunktes die Koordinaten des entsprechenden zu finden. Zusammenhang der Erzeugung einer Kurve III. O. aus drei Polpaaren mit neun Arten der Chasles'schen und zweien der Grafsmann'schen Erzeugungsweise. Dreifache Konstruktion aus Polpaaren für den Fall, dafs irgend eine Kurve III. O., bezogen auf das Wendepunktsdreieck, gegeben ist. Die dreifache Zerlegung der allgemeinen Kurve III. O. in Polpaare. — *Köhler.*

393. *Täyert.* Über die Einwirkung der Ebbe und Flut auf die Präcession und Nutation sowie auf die Drehungsgeschwindigkeit der Erde. 22 S. 4°. R. I. O. zu Siegen. 322.

Laplace hatte gefunden, dafs, wenn nur die ersten Potenzen der störenden Kräfte in Rechnung gezogen werden, der Einflufs der Meeresschwankungen auf die Präc. und Nut. sowie auf die Dauer der Tageslänge verschwindet. Verf. untersucht, ob dies auch bei Berücksichtigung der zweiten Potenzen der Kräfte der Fall ist, und kommt zu dem Resultat, dafs die Drehungsgeschwindigkeit der Erde um ihre kleinste Hauptachse eine der Zeit proportionale Beschleunigung oder Verzögerung erleide, jenachdem i ' einen pos. oder einen neg. Wert hat, wo U' eine Konstante von der zweiten Ordnung der störenden Kräfte darstellt. — *Köhler.*

394. *Heger, Richard.* Die Konstruktion einer Fläche II. O. aus neun gegebenen Punkten und verwandte Konstruktionen. 36 S. und 1 Tafel. 4°. Gym. zum heil. Kreuz in Dresden. 462.

Zusammenstellung der Konstruktionen verschiedener Mathematiker seit der ersten Behandlung der Aufgabe durch Hesse (Crelle 1840 Bd. 20. S. 280). — *Köhler.*

c) Algebra.

395. *Suchsland, E.* Systematische Entwickelung der gesamten Algebra. I: Die vier Species. 51 S. 8°. Gymn. zu Stolp. 116.

Die „Regeln der arithmetischen Lehrsätze" werden, nachdem der Versuch gemacht ist sie zu begründen, in grofser Breite zusammengestellt. — *Fl.*

396. *Villicus, Franz.* Das Zahlenwesen der Völker im Altertum und die Entwickelung des Zifferrechnens. I. 33 S. II. 36 S. K. K. Staats-Realsch. und gewerbliche Fortbildungsschule am Schottenfelde zu Wien. I. 1880. II. 1881.

Die ziemlich umfangreiche Arbeit des Verf. hat den Zweck klarzulegen, wie der heutzutage einem jeden geläufige Gebrauch der Zahlzeichen und das Rechnen mit denselben sich nur ganz allmählich und mühsam entwickelt hat. Verf. beschäftigt sich daher zunächst mit dem anfangs allein üblichen Fingerrechnen. Sodann behandelt er die Zahlzeichen und die häufig mit einer unglaublichen Unbeholfenheit behafteten Zahlensysteme der alten Völker. Im dritten Abschnitt wird das Rechnen mit Hilfe eines Rechenapparates (Abacus) auseinandergesetzt und geschichtlich verfolgt. — Der zweite Aufsatz beschäftigt sich zuerst mit der Zahlenbezeichnung und dem Zählen durch Beugen bestimmter Finger und Zuhilfenahme verschiedener Armstellungen. Dann wendet er sich zu den verschiedenen Zahlsystemen. — Im nächsten Abschnitt werden die ersten zehn Grundzahlwörter verschiedener Völker einer näheren Betrachtung unterzogen. Beigegeben sind in einer Tabelle die Zahlwörter von 1—10 in 59 verschiedenen Sprachen, welche Verf. aus verschiedenen Quellen selbst zusammengestellt hat. — Sodann geht Verf. zu dem eigentlichen Rechnen und dessen Entwickelung aus dem Fingerrechnen zum Häufchenrechnen (mit Steinchen, Getreidekörnern u. s. w.).

Ausführlicher besprochen wird die indische Rechenkunst nach Brahmagupta und Bhascara, vom 7. bis zur Mitte des 12. Jahrhunderts, zwei Schriften, welche über die Anfänge der indischen Arithmetik Aufschluſs geben. Die erste Schrift behandelt Zins- und Gesellschaftsrechnung, Regel de Tri, Proportionen, Berechnungen von Drei- und Vierecken, stereometische Aufgaben und Berechnungen nach dem Schatten. — Im nächsten Jahresberichte will Verf. seine Arbeit abschlieſsen. — *Maschke*.

397. *Hickmann, Johannes Waldemar*. Ein Beitrag zum Rechenunterricht in den unteren Klassen der Realschule. 30 S. 4°. R. I. O. zu Neustadt-Dresden. 484.

Nach Darlegung der Gesichtspunkte, welche für den obenbezeichneten Unterricht maſsgebend, und der Ansprüche, welche an denselben zu machen sind, wird ein Lehrgang entwickelt, welcher das Pensum der Klassen Sexta bis Quarta umfaſst. — *Fl.*

398. *Lindner, P.* Repetitorium der elementaren Arithmetik. 26 S. 8°. K. Gymn. zu Cöslin. 102.

Die für den Schulgebrauch bestimmte Abhandlung enthält die wichtigsten arithmetischen Gesetze. Dieselben sind als Formeln in einer Tabelle übersichtlich zusammengestellt und in Form von Regeln in Worten ausgedrückt. Daran schlieſst sich in gedrängter Weise eine groſse Menge von Wiederholungsbeispielen. — *Fl.*

399. *Hunrath*. Algebraische Untersuchungen nach Tschirnhausen's Methode. II. 21 S. 4°. Gymn. zu Hadersleben. 237.

Verf. hat in einer früheren Abhandlung gezeigt, wie man mit Anwendung des von Tschirnhausen beobachteten Verfahrens unter Zuhilfenahme einer Gleichung 2. Grades $x^2 + ux + v - y = 0$ aus einer beliebigen Gleichung n. Grades eine andere erhalten kann, in welcher zwei Zwischenglieder verschwinden. Nunmehr wird der Versuch gemacht, ob mit Zuhilfenahme einer Gleichung 3. Grades $x^3 + ux^2 + vx + w = y$ es möglich ist aus einer gegebenen Gleichung n. Grades eine andere zu finden, in der 3 Zwischenterme fehlen, und gezeigt, daſs, um nach dieser Methode die drei ersten Zwischenglieder wegzuschaffen, die Lösung einer Gleichung 6. Grades erforderlich ist, wie dies Lagrange schon angibt. — *Benoit*.

400. *Kleiber*. Ableitung eines Systems von Formeln für die elliptischen Funktionen und ihr Zusammenhang mit der sphärischen Trigonometrie. II. 47 S. 4°. Kneiphöf. Stadt-Gymn. zu Königsberg i. O.-Pr.

Vorausgeschickt werden Bemerkungen über den Zusammenhang der elliptischen Funktionen mit der sphärischen Trigonometrie. Es wird gezeigt, wie jede Formel aus den elliptischen Funktionen sich auf ein sphärisches Dreieck übertragen läſst, welches einen stumpfen und 2 spitze Winkel hat. Doch ist diese Übertragung nur möglich, wenn der Modul $k = \frac{\sin a}{\sin \alpha} = \frac{\sin b}{\sin \beta} =$

$\frac{\sin c}{\sin \gamma} < 1$ ist. — Es werden ferner aus den bekannten Formeln für das Additionstheorem der elliptischen Funktionen zunächst die Gauſsischen Formeln hergeleitet und schlieſslich noch verschiedene andere, zumteil weniger bekannte. — *Benoit.*

401. *v. Schaewen.* Anwendung der Differentiation mit gebrochenem Index auf die Integration linearer Differentialgleichungen. 18 S. 4°. K. Gymn. zu Strafsburg i. Westpr. 31.

402. *Ahlburn.* Über Berechnung von Summen von gröſsten Ganzen auf geometrischem Wege nach der von Eisenstein zuerst angewandten Methode. 20 S. 4°. Realsch. des Johanneums in Hamburg. 630.

403. *Stolz.* Über Konstruktion algebraischer Ausdrücke. Realschule zu Ruhrort. 416.

404. *Grüll, R.* Die Determinanten für den Schulgebrauch. 20 S. 4°. Realsch. zu Quakenbrück. 284.

Die elementaren Sätze der Determinantenlehre sollen auf möglichst einfache Art entwickelt werden. Es wird ausgegangen von der Auflösung eines Systems von 2 Gleichungen; daraus wird der Begriff der Determinante II. O. entwickelt, ihre Eigenschaften, die Sätze über Addition und Multiplikation, und ihre Anwendung zur Lösung von Gleichungen gezeigt. Dieses wird dann erweitert, auf Determinanten III. und IV. O. und angewendet zur Auflösung von n Gleichungen mit n Unbekannten und von n homogenen Gleichungen mit n + 1 Unbekannten. — *Thurein.*

405. *Hoverar, Frans.* I. Über das Kombinieren zu einer bestimmten Summe. 25 S. 8°. II. Zur Lehre von der Teilbarkeit der ganzen Zahlen. 5 S. 8°. K. K. Staatsgymn. zu Innsbruck.

In der ersten Abhandlung wird gezeigt, wie die Anzahl der Kombinationen von der Klasse r zur Summe s, mit und ohne Wiederholung, für eine beschränkte oder unbeschränkte Anzahl von Elementen gefunden werden kann. — In der zweiten wird nachgewiesen, in welchen Fällen für ein beliebiges b als Basis des Zahlensystems eine Zahl durch $b+1$, b^2+1, b^3+1, oder durch die Faktoren dieser Gröſsen teilbar ist. — *Thurein.*

406. *Schaewen, P. v.* Die Binomial-Koëfficienten in Verbindung mit figurierten Zahlen und arithmetischen Reihen höherer Ordnung. 25 S. 4°. K. Gym. zu Saarbrücken. 396.

Indem von den Reihenentwickelungen von $\cos(x\varphi)$ und $\sin(x\varphi)$ nach Funktionen des einfachen Winkels ausgegangen wird, werden bemerkenswerte Reihen entwickelt und summiert, deren Glieder durch Multiplikation der Binomial-Koëfficienten mit den figurierten Zahlen oder mit den Gliedern von arithmetischen Reihen höherer Ordnung gebildet sind. — *Fl.*

407. *Kayser.* Ableitung einiger Reihen für den Unterricht in der Prima eines Gymnasiums. 25 S. 4°. K. Gymn. zu Erfurt. 196.

Verf. entwickelt den binomischen Lehrsatz, die exponentiale und logarithmische Reihe, die einfacheren trigonometrischen Reihen und die Taylor'sche Reihe. — *Fl.*

Braun, J. Anwendung der Summenformel von Mac Laurin auf harmonische Reihen. 32 S. 8°. Fb. Privat-Gymn. am Seminarium Vincentinum Brixen.

Rautenberg. Gleichungen dritten und vierten Grades. 22 S. 4°. K. kath. rmn. in Deutsch-Krone 1880/1881. 21.

Um wißbegierigen Schülern Gelegenheit zu bieten tiefer, als es im Unterrichte des Gymnasiums möglich ist, in das Gebiet oben genannter :hungen einzudringen, gibt Verf. eine umfassende Auflösung der Gleichungen dritten und vierten Grades mittels der verschiedenen für dieselbe anwendbaren Methoden. — *Fl.*

Exner, Carl. Über eine Maschine zur Auflösung höherer Gleichungen. S. 8°. K. K. Staats-Gymn. im IX. Bezirke in Wien.

Hoffentlich sind die der mechanischen Ausführung dieses originell ersonn- n Apparates entgegenstehenden technischen Schwierigkeiten nicht so atend, daſs eine allzu groſse Ungenauigkeit die Anwendung des Apparates orisch machen würde. — *Maschke.*

Merten, J. Kurze Theorie der Hamilton'schen Quaternionen. 31 S. 8°. K. Staats-Obergymn. zu Saaz (Böhmen).

Die durch Hamilton eingeführten Quaternionen werden definiert als die :ienten zweier coinitierter Vectoren, sich auf Gröſsen- und Richtungsunterschied beziehend, für räumliche Gebilde von der Bedeutung wie die imaren Zahlen für die Ebene. Verf. gibt die Eigenschaften derselben und mit ihnen auszuführenden Rechnungsoperationen an und weist darauf daſs durch sie die Rechnungen der theoretischen Physik eine groſse achheit gewinnen. — *Thurein.*

Merten, J. Einige Anwendungen der Hamilton'schen Quaternionen. 39 S. . K. K. Staats-Obergymn. zu Saaz (Böhmen). 1882.

Die Abhandlung ist eine Fortsetzung der vorjährigen. Nachdem die rentialformeln der Quaternionen entwickelt worden und gezeigt ist, wie :ernionen-Gleichungen ersten Grades aufzulösen sind, werden mannigfache endungen gemacht zur Anffindung trigonometrischer Formeln, dann aetrischer, besonders aus dem Gebiete der Kegelschnitte und Flächen rades, und zuletzt werden einige Grundgesetze der Statik und Dynamik ickelt und die Fruchtbarkeit des neuen Calculs gezeigt. — *Thurein.*

Unverzagt, W. Über die Grundlagen der Rechnung mit Quaternionen. adt. R. II. O. zu Wiesbaden 1882. 356.

Es werden die Betrachtungen vorgeführt, welche der Theorie der Quaterⁿen und der Rechnung mit Vektoren zugrunde liegen, und die Formeln chtfertigt, die (namentlich in Scheffler's „polydimensionale Gröſsen") zweifelt worden sind. — *Fl.*

I. Mechanik, Physik, Astronomie und Meteorologie.
a) Mechanik und Physik.

Spennrath, J. Die Mechanik in der lebenden Natur. 27 S. 4°. K. Gerbesch. in Aachen. 425.

Nachdem Verf. nachgewiesen hat, daſs sämtliche Erscheinungen der leblosen Natur die Äufserungen einer und derselben Kraft sind, sucht er auch alle Vorgänge innerhalb der lebenden Natur auf dieselben Kräfte zurückzuführen, als welche er die allgemeine Massenanziehung und die Wärme ansieht, wobei er letztere als eine Bewegung der kleinsten Teile eines Körpers betrachtet. — *Byr.*

415. *Gilles.* Über die Newton'sche Anziehungskraft. 24 S. 4°. K. Gymn. zu Essen. 382.

Unter Bezugnahme auf ein früheres Programm (Düsseldorf 1880) weist Verf. zuerst die Mängel der Aetherstofstheorie (Isenkrahe: Das Rätsel der Schwerkraft) durch Betrachtung und Rechnung nach, ebenso die der Strahlungstheorie (Anderssohn: Massendruck aus der Ferne). Dann führt er Beweise für die Wirklichkeit der Newton'schen Anziehungskraft als Urkraft der Natur an und zeigt, wie auch die Verschiedenheit der Krystallsysteme und der Spaltungsflächen sich auf diese Kraft zurückführen lassen. — *Thurein.*

416. *Rylski, Alfons Ritter von.* Tafeln zur numerischen Berechnung der Schwingungsdauer eines Pendels bei verschiedenen Amplituden. 34 S. 8°. K. K. Staatsgymn. im III. Bezirk zu Wien.

417. *Jackritz, E.* Über die unendlich kleinen Schwingungen eines Pendels aus 2 festen Massenpunkten um eine Gleichgewichtslage. 17 S. 4°. K. Friedr.-Wilhelms-Gymn. zu Posen. 132.

Die allgemeinen Differentialgleichungen werden dadurch vereinfacht, dafs für unendlich kleine Schwingungen die Änderungen nach s vernachlässigt werden können. Die Integration wird durchgeführt für den Fall, dafs die Bewegung aus der Gleichgewichtslage beginnt. Dann werden die Bedingungen der Periodicität gesucht, es wird gezeigt, dafs die Horizontalprojektionen parabolisch sind, und zuletzt wird der Widerstand der Luft prop. der Geschwindigkeit berücksichtigt. — *Thurein.*

418. *Lehmann.* Über die Schwingungen an einander hangender Pendel. Gymn. zu Rudolstadt. 618.

419. *Aihert, W.* Über ein mechanisches Problem. 12 S. 4°. Städt. Gymn. in Freienwalde a. O. 63.

Verf. berechnet die Bewegung eines Punktes, der von einem Centrum aus im umgekehrten kubischen Verhältnis der Entfernung angezogen wird, und zwar mittels Hamilton'scher Differentialgleichung. Das Resultat ist eine ebene Kurve, ein Kreis, eine hyperbolische oder logarithmische Spirale, je nachdem das Produkt der Quadrate der Anfangsentfernung und Anfangsgeschwindigkeit gleich, gröfser oder kleiner ist als die Anziehungskraft in in der Entfernung 1. Für 2 Centra wird die Gleichung nicht integrierbar. — *Thurein.*

420. *Frenzel.* Neue Lösung eines Rotationsproblems. Gymn. zu Belgard. 101.

Happach. Über die südliche Abweichung fallender Körper von der Vertikalen. 15 S. 4° mit 1 Tafel. Gymn. zu Buchsweiler. 432.

Davon ausgehend, daſs die Fallrichtung die Resultierende ist aus der [Wirk]ung der Anziehungskraft der Erde und der Centrifugalkraft, und daſs [Grö]ſe und Richtung der letzteren sich für den fallenden Körper nicht [gleich] werden die Formeln erst für die östliche, dann für die südliche Ab[weich]ung gefunden (letztere dem Quadrate der Zeit proportional) und mit Ergebnissen der Reich'schen Versuchs verglichen. Im Anhang werden [die h]ier gebrauchten Formeln für Fallgeschwindigkeit und zurückgelegten [Weg] ohne Integration gefunden. — *Thurein.*

Tammen. Über die unifilar aufgehängte Drehwage. 18 S. 4°. Gymn. zu [Fried]rickau. 474.

Durch eine grofse Zahl vom Verf. angestellter Versuche wird nachge[wies]en, daſs auſser den schon früher bekannten Wanderungen der Ruhe[lage] einer unifilar aufgehängten Drehwage noch bei abnehmenden Amplituden [der] Schwingungen eine Wanderung in bestimmter Richtung vorhanden ist. [Die] Ursache aller dieser Wanderungen wird hauptsächlich in einer teils [durc]h die Fabrikation, teils durch Drehung erzeugten spiralig faserigen [Stru]ktur des Drahtes und dadurch hervorgebrachten molekularen Reibung [gesu]cht, die aber erst sehr spät eine konstante Gröſse erhält. — *Thurein.*

Rysinek, Adalbert. Der hydraulische Druck und das gehinderte Flieſsen [in] Röhren. 13 S. 8°. Staatsgymn. in Znaim.

Ehlert, A. Über den Mittelpunkt des Druckes einer ruhenden Flüssig[ke]it auf eine Kugel und auf ein Rotationsellipsoid, welche sich in der [Flü]ssigkeit befinden. 22 S. 4°. Oberschule (R. I. O.) zu Frankfurt a. O. 89.

Unter Voraussetzung einer schweren homogenen, im Gleichgewicht be[find]lichen Flüssigkeit wird der Mittelpunkt des auf beide Körper ausgeübten [Druc]kes gesucht für den Fall, daſs beide ganz eingetaucht sind, wo sich [als] einfaches Resultat die doppelte Entfernung des Mittelpunkts von der [Obe]rfläche ergibt. Dann wird der Fall behandelt, daſs die Eintauchung nur [teil]weise stattfindet, und zuletzt das Ellipsoid mit nicht senkrecht zur Ober[fläch]e stehender Rotationsachse. — *Thurein.*

Rieſs. Über die Bewegung einer Flüssigkeit in einem cylindrischen [Gef]äſse. 19 S. 4°. Städt. R. I. O. zu Wurzen. 505.

Es wird zuerst das Geschwindigkeitspotential gesucht für den Fall einer [inko]mpressiblen Flüssigkeit unter Einwirkung beliebiger Kräfte. Die Rech[nun]g führt auf trigonometrische und Exponentialfunktionen. Für einen be[stim]mten Anfangszustand wird sodann die Periode der Bewegung gesucht [und] die Bewegungskurven der einzelnen Teilchen. Zuletzt wird der Fall [betr]achtet, daſs die Basis ein Kreisring ist. — *Thurein.*

Simonides, Jaroslaw. Zur Theorie der gestrichenen Saiten. 16 S. 8°. [C.] K. Staats-Untergymn. zu Trebitsch.

Verf. geht von der durch viele Versuche von ihm bestätigten Bemerkung [aus], daſs die Schwingungen einer gestrichenen Saite nicht in einer Ebene, sondern im Raum stattfinden. Sodann entwickelt er die einschlägigen Formeln und führt zum Schlufs noch einige Experimente an. — *Muschhr.*

427. *Wihlidal, Carl.* Theorie der Interferenzerscheinungen an dicken Platten. 22 S. 8°. Deutsche K. K. Staats-Realsch. in Budweis.

Nachdem in der Einleitung Newton's Untersuchungen über Farbenringe, ferner die Experimente des Herzogs von Chaulnes, Quetelet's und Herschel's beschrieben worden, geht Verf. über zu Whewell's Entdeckung der Farbenstreifen, welche entstehen, wenn das an einem ebenen und belegten Glasspiegel reflektierte Bild einer nahe beim Auge gehaltenen Kerzenflamme betrachtet wird. Exner's Untersuchungen über jene Streifen werden beschrieben und theoretisch erörtert, ebenso der Apparat Lommel's zur objektiven Darstellung der Ringe; zwei Sätze der Theorie des letzteren jedoch finden durch Exner's Versuche Widerlegung. Eine weitere Rechnung verfolgt das subjektiv mit freiem Auge aus einiger Entfernung vom Spiegel wahrzunehmende Phänomen der Quetelet'schen Streifen. Den Schlufs bildet eine theoretische Erörterung einer von Brewster beobachteten Interferenzerscheinung. — *Kühler.*

428. *Bresina.* Über die Schwingungen der Luft in der chemischen Harmonika. 21 S. 4°. Archigymn. zu Soest. 314.

Aufgrund zahlreicher Versuche werden die Erscheinungen der chemischen Harmonika in der Weise erklärt, dafs die Flammenschwingungen den Ton nicht ursprünglich erzeugen, sondern selbst erst durch Luftschwingungen hervorgerufen werden, die ihrerseits durch abwechselndes Abfliefsen nach oben und Stauen in der Röhre entstehen. Eine Figurentafel dient zur Erläuterung. — *Thurein.*

429. *Maifs, F.* Die Entwickelung der Lehre von der Dispersion des Lichtes. 41 S. 8°. Zweite deutsche Oberrealsch. in Prag.

Im ersten Teil wird über die bisherigen Beobachtungen der Dispersion gesprochen, besonders aber über die anomale Dispersion, den Zusammenhang derselben mit der Absorption des Lichtes und über die Darstellung durch Kurven. Im zweiten Teile behandelt Verf. die verschiedenen darüber aufgestellten Theorieen, stellt die bezüglichen Differentialgleichungen auf, zieht Folgerungen aus denselben und gibt an, wie weit dieselben der Erfahrung entsprechen. — *Thurein.*

430. *Sommer.* Die Theorie der Lichtbrechung an ebenen und sphärischen Flächen, mit Aufgabenanhängen nach der Methode von Gaufs für die Schule bearbeitet. 46 S. 4°. R. I. O. im Waisenhause zu Halle. 224.

Nach einigen einleitenden Sätzen werden die Gesetze der Brechung und Dispersion am Prisma behandelt und die Bedingungen für das achromatische und das geradsichtige System aufgestellt. Dann wird der Weg eines Lichtstrahls und der zu einem Punkte gehörende konjugierte nach Gaufs' Methode durch Rechnung und Konstruktion mit Hilfe der Brennpunkte und Hauptpunkte (nicht der Knotenpunkte) gesucht, und Anleitung gegeben diese Punkte durchs Experiment zu finden. Zahlreiche Aufgaben und 6 Figurentafeln dienen zur Übung und zur Erläuterung. — *Thurein.*

. *Schulz.* Über den Einfluß der Wärme auf die Kohäsion flüssiger Körper. 10 S. 4°. 1 Figurentafel. K. kath. Gymn. zu Groß-Glogau. 156.

Die von verschiedenen Beobachtern aufgestellten empirischen Formeln den mit der von Poisson aufgestellten theoretischen Formel verglichen. m führt Verf. eigene zur Ermittelung einer Konstanten jener Formel antellte Beobachtungen an und zieht aus allen den Schluß, daß die Kohäsion bei zunehmender Temperatur abnimmt. — *Thurein.*

. *Lehnebach, A.* Über das totale Wärmestrahlungsvermögen berußten Glases und das Verhalten desselben bei Änderung der Rußschicht. 20 S. 4°. Gewerbesch. zu Mülhausen im Elsaß. 452.

Verf. kommt zu folgenden Ergebnissen: 1. Der Wert der Differenz ($h_{100} - h_0$) unabhängig von dem im Glasballon vorhandenen Luftdruck. 2. Es ist die Größe der Strahlung gleichgültig, ob die Glaswände berußt sind r nicht. 3. Die Werte von $h_{100} - h_0$ ändern sich mit dem Durchmesser Calorimeterkugel, und zwar nehmen sie mit wachsendem r ab. — *Bgr.*

. *Barr, C.* Über das Gleichgewicht und die Bewegung der Wärme in inem homogenen Rotationsparaboloid. 31 S. 4°. Gymn. zu Küstrin. 60.

Die Gleichgewichtsaufgabe wird zuerst behandelt für ein volles Rotationsaboloid mit Anwendung der Cylinderfunktionen und eines besonderen eber'schen) Koordinatensystems. Dann wird mit Hilfe der Thomson'schen thode der reciproken Radivectoren Anwendung auf den durch Rotation er Cardioide entstehenden Körper gemacht. Schließlich behandelt Verf. en speciellen Fall des Rotationsparaboloids. — *Thurein.*

. *Jansen, K.* Gasmotor und Lichtmaschine. 31 S. 4°. 4 Figurentafeln. t. I. O. zu Düsseldorf. 410.

Nach einer Einleitung, in der die Mängel und Vorzüge der verschiedenen ımotoren besprochen werden, wird genauer der neue Otto'sche Motor beırieben. Im zweiten Teile behandelt Verf. ebenso verschiedene Lichtmaschinen, besonders die Schuckert'sche Flachringmaschine, und stellt zum Schluß Betrachtungen über die Zukunft der elektrischen Maschinen an. — *irein.*

. *Momber, A.* Über die Intensität der Telephonströme. 18 S. 4°. K. Gymn. :u Danzig. 19.

Nachdem eine den Verhältnissen entsprechende Modifikation der in den eber'schen Maßbestimmungen angegebenen Rechnung durchgeführt ist, rden die Resultate der Beobachtungen gegeben, die an einem Bifilardynameter angestellt worden sind, dessen Rollendrähte mit den Drähten eines ımens'schen Telephons verbunden waren. Damit werden dann die Ablenugen verglichen, die ein Grove'sches Element hervorbringt, und die Rechng ergibt dann für die Intensität des Telephonstroms in Siemens-Weber'-ıen Einheiten 0,000145. — *Thurein.*

b) Astronomie.

436. *Vermehren, A.* Über die Benutzung der künstlichen Himmelskugel beim Unterricht in der mathematischen Geographie. 20 S. 4°. Domschule zu Güstrow. 560.

Nachdem alle Teile eines vollständig armierten Himmelsglobus beschrieben worden, wird eine grofse Zahl astronomischer Aufgaben gestellt und mehr oder weniger ausführlich gelöst. — *Thurein.*

437. *Hendrick, Alfred.* Einige Aufgaben aus der sphärischen Astronomie. 13 S. 4°. Progymn. zu Neuhaldensleben. 206.

Die Fundamentalaufgaben der sphärischen Astronomie nebst deren Lösungen. — *Fl.*

c) Meteorologie.

438. *Steinhauser, Ottomar* rom. Die meteorologischen Verhältnisse von Eger im Jahre 1880. 21 S. 8°. K. K. Staats-Obergymn. zu Eger.

Tabellarische Zusammenstellung der vom 1. Januar bis 31. Dezember 1880 auf der meteorologischen Station zu Eger gemachten meteorologischen Beobachtungen. — *Byr.*

439. *Kollenkryer, Karl.* Meteorologische Beobachtungen. 6 S. 8°. K. K. Staats-Obergymn. in Bielitz.

Tabellen über Luftdruck und Temperatur, Bewölkung, Niederschläge und Winde, nach den vom 1. Juli 1878 bis 30. Juni 1881 in Bielitz angestellten Beobachtungen. — *Byr.*

440. *Reimann.* Die meteorologischen Verhältnisse von Ratibor. II. 15 S. 8°. K. Gymn. zu Ratibor. 173.

Zusammenstellung der Beobachtungen über Luftdruck, Windrichtung, Niederschlag und Gewitter vom Jahre 1848 bis 1879. — *Byr.*

441. *Heffter, Robert.* Die Wärme- und Regenverhältnisse Bromberg's. II. 18 S. 4°. K. Gymn. zu Bromberg. 122.

Zusammenstellung der meteorologischen Beobachtungen des Verf. seit dem Jahre 1848. — I. erschien im Programm 1869. — *Byr.*

442. *Maschek, Johann.* Meteorologische Beobachtungen. II. 7 S. 8°. Kommunal-Realsch. zu Leitmeritz.

443. *Januschka, Johann.* Zusammenstellung und Diskussion der Beobachtungen über die Wetterverhältnisse in den Monaten Juni—September 1876 bis 1880 in Troppau. 4 S. und eine Tafel 8°. Staats-Oberrealsch. zu Troppau.

444. *Moscow.* Der Unterricht in der Meteorologie auf Gymnasien. 14 S. 4°. Gymn. zu Pyritz. 111.

Verf. stellt einen zusammenhangenden (sechswöchigen) meteorologischen Unterricht in der Prima eines Gymnasiums als äufserst wünschenswert hin und entwirft eine Skizze für den Gang desselben. Als Vorbereitung auf diesen Unterricht dient häufiger Hinweis auf die Bedeutung und den Einflufs meteorologischer Verhältnisse in den verschiedenen Disciplinen, besonders im geographischen, geschichtlichen und naturgeschichtlichen Unterricht in den vorhergehenden Klassen. — *Byr.*

15. *Häpke, L.* Beiträge zur Physiographie der Gewitter. 51 S. 4°. Realsch. in der Altstadt zu Bremen. 625.

Nach einer kurzen Beschreibung der geographischen und orographischen Verhältnisse von Bremen bestimmt Verf. aus den von 1829 bis 1880 angestellten Beobachtungen als Jahresmittel für das Auftreten der Gewitter daselbst 13,6 Gewittertage. Für das Auftreten der Gewitter ergibt sich ihm mit Sicherheit eine gewisse Periodicität, welche jedoch bisher nicht befriedigend erklärt ist. Nach einer Besprechung der verschiedenen Arten des Gewitters (Wärme- und Wirbelgewitter) und des Blitzes (Zickzack-, Flächen- und Kugelblitze) sowie des Wetterleuchtens und der St. Elmsfeuer konstatiert Verf. nach eigenen Beobachtungen eine Zunahme der zerstörenden Wirkung des Blitzes in der neueren Zeit, bespricht dann deren Ursache ev. Verhütung und betrachtet zuletzt die Abhängigkeit der Blitzschläge von der Bodenbeschaffenheit, die sich nach den Beobachtungen des Forstmeisters Eye in Detmold darin bekundet, dafs auf Kalkboden die wenigsten (3 pCt.), auf Lehmboden die meisten (53 pCt.) Blitzschläge stattfinden. — *Bgr.*

2. Chemie, beschreibende Naturwissenschaften und Geologie.
a) Chemie.

16. *Fischer.* Die chemische Verwandtschaft. 24 S. 4°. Lyceum zu Strafsburg i. E. 440.

Verf. gelangt zu folgenden Schlüssen: 1) Ein gegebenes System von Stoffen erleidet bei einer gegebenen Temperatur eine grofse Reihe von Veränderungen, die man als Abweichungen von gewissen Hauptprozessen betrachten kann. Diese letzteren verdanken ihre besondere Stellung dem Umstande, dafs sie sich mit der gröfsten Wärmeentwickelung vollziehen. 2) Chemische Reaktionen können sich nur dann vollziehen, wenn die Summe aller Einzelvorgänge eine Wärmeentwickelung bedeutet. Zum Schlufs bestimmt Verf. quantitativ die Gröfse der relativen Affinität zwischen zwei Stoffen in mehreren einzelnen Fällen. — *Bgr.*

17. *Lange, Heinrich.* Über die chemischen Wirkungen des Lichtes. I. 22 S. 4°. Städt. R. I. O. zu Görlitz. 182.

Verf. bespricht zunächst die beiden hierher gehörigen Sätze der Optik, nach denen die chemische Wirkung der Intensität des wirkenden Lichtes proportional ist, und nach denen ferner für die chemische Wirkung ein Teil des absorbierten Lichtes zur Verwendung kommt, welcher der Wirkung proportional ist. Sodann weist er auf die nahen Beziehungen zwischen Aktivität, Phosphorescenz und Fluorescenz hin und erklärt diese Erscheinungen aufgrund der Stokes'schen Absorptionstheorie. Nachdem Verf. sodann die photochemische Induktion sowie den Einflufs der Farbe des wirkenden Lichtes erwähnt hat, bespricht er verschiedene chemische Wirkungen des Lichtes, namentlich diejenigen auf die Assimilation, auf Silbersalze, auf Chromverbindungen, auf Asphalte, Harze u. s. w. — *Bgr.*

18. *Schafft, Arnold.* Chemische Übersichtstafeln. 14 S. 8°. R. I. O. zu Gera. 616.

Die Tafeln sollen dem Schüler das Einprägen der Eigenschaften von

449. *Mayrhofer, Josef.* Bemerkungen über Affinität und deren Beziehungen zu Atomvolum, Atomgewicht und spezifischem Gewicht. 9 S. 8°. Leoben.

Ist D die Dichte eines Elementes, A sein Atomgewicht, so ist das Atomvolumen (in der Kopp'schen Bedeutung) $V = \frac{A}{D}$. Da die Atomvolumina die relativen Räume vorstellen, innerhalb deren sich die Atombewegungen vollziehen, so läfst sich vermuten, dafs zwischen den Räumen, innerhalb deren die chemische Bewegung inbezug auf die Gewichtseinheit des Atoms erfolgt, und zwischen der Affinität eine gewisse Beziehung besteht. Es ist nun $\frac{V}{A} = \frac{1}{D}$. Verf. bestimmt den Wert von $\frac{1}{D}$ und ordnet die Elemente nach der Gröfse des Quotienten. Die Anordnung stimmt dann im wesentlichen mit der elektrochemischen Spannungsreihe überein. Die Ausnahmen lassen sich nach der Meinung des Verf. vielleicht durch die Unreinheit der Elemente erklären, welche eine genaue Bestimmung des specif. Gew. unmöglich mache. Manche, wie Li, Al und Mg, enthalten Wasserstoff, andere wie Bo dagegen Quecksilber. — *Byr.*

450. *Daurer, Franz.* Physikalische Eigenschaften der Mischungen des Äthylalkohols mit Wasser. Wiedener Kommunal-Oberrealsch. in Wien. 29 S. 8°. und eine Tafel.

Herr D. hat übersichtlich die physikalischen Eigenschaften von Mischungen von reinem Alkohol und Wasser nach den bisherigen Untersuchungen zusammengestellt, namentlich in Hinblick auf die Frage, ob man es mit chemischen Verbindungen oder Gemischen zu thun habe. Nachdem er gezeigt, dafs man leicht für jedes Mischungsverhältnis eine demselben entsprechende Molekularformel aufstellen kann, unterzieht er die einzelnen physikalischen Eigenschaften der Diskussion. Sie zeigen fast sämtlich eine Differenz zwischen den beobachteten Arten und denen, die sich berechnen lassen. Eine graphische Darstellung der allmählichen Änderung der Eigenschaften läfst alle diese Verhältnisse gut übersehen. Unregelmäfsigkeiten zeigen sich bei grofsem Wasserüberschufs. Verf. spricht sich alsdann, und mit Begründung, dafür aus, dafs die Kontraktion Folge der Verkleinerung der Moleküle mit Einschlufs ihrer Ätherhülle sei, sowie dafür, dafs kein zwingender Grund vorliege die Mischungen als chemische Verbindungen aufzufassen. — *Schw.*

451. *Reichl, C.* und *Breinl, F.* Mitteilungen aus dem chemischen Laboratorium. 7 S. 8°. Erste deutsche Oberrealsch. in Prag.

1. Durch Erhitzen gleicher Gewichtsmengen Orcin und Jodoform auf 130° erhielten Verf. zwei Farbstoffe, einen amorphen gelben und einen krystallisierten von stahlblauer Farbe. Beide werden durch Behandeln mit konzentrierter Natronlauge getrennt, in welcher der erstere löslich ist, während der letztere als unlösliche Natronverbindung zurückbleibt und bei nachherigem Behandeln mit Alkohol oder Essigsäure in Form von dunkelroten,

tallisch grün glänzenden Nadeln oder Blättchen erscheint. Der gelbe rbstoff konnte noch nicht krystallisiert erhalten werden.

Aus Resorcin und Jodoform wurde ein Farbstoff erhalten, welcher dem sorcinbenzalin Döbner's sehr ähnlich ist. Durch Einwirkung von Jodoform f Phenol entsteht ein orangegelber Farbstoff, der noch nicht krystallisiert ialten werden kann.

2. Zur Nachweisung geringer Mengen von Jodoform versetze man die lssigkeit mit Alkali und Resorcin: es entsteht bei Gegenwart von Jodo- rm eine Rotfärbung, die bei Säurezusatz wieder verschwindet. — *Bgr.*

2. *Weiland, H.* Über die künstliche Darstellung von Mineralien. I. Teil 18 S. 4°. Gewerbesch. zu Köln. 428.

Der vorliegende Teil der Abhandlung enthält eine Zusammenstellung der rsuche, welche zur synthetischen Darstellung von Mineralien unter Zu- lfenahme der Wärme ausgeführt wurden. Auf die Wiedergabe der Einzel- iten mufs hier verzichtet werden. — *Bgr.*

3. *Glowacki, Jul.* Über die Stellung des Unterrichts in der Mineralogie an unseren Mittelschulen und insbesondere an den Gymnasien. 8 S. 8°. Landes-Untergymn. zu Pettau.

Verf. weist an der geschichtlichen Entwickelung der mineralogischen Issenschaft nach, dafs dieselbe heute der Chemie nicht mehr entraten kann, d verlangt demgemäfs, dafs ler mineralogische Unterricht erst dann be- nnen dürfe, wenn der Schüler einen chemischen Kursus absolviert oder doch nigstens einen Einblick in das Wesen chemischer Vorgänge gethan habe. *Bgr.*

4. *Dörfler, Franz.* Soll die Chemie beim mineralogischen Unterricht in den Unter-Klassen möglichst berücksichtigt werden, und wie kann das ge- scheben? 23 S. 8°. K. K. Obergymn. zu Böhm.-Leipa.

Verf. hält es für wünschenswert bereits in den Unterklassen des Gym- siums Mineralogie zu lehren, bei welchem Unterricht der Schüler durch ifache Experimente mit den wichtigsten chemischen Eigenschaften bekannt macht und auf den eigentlichen Kursus der Chemie und Mineralogie vor- reitet werden soll. Die Abhandlung enthält eine Anleitung für einen der- igen propädeutischen Unterricht in der Mineralogie. — *Bgr.*

b) Beschreibende Naturwissenschaften.

5. *Fellner, Stefan.* Albertus Magnus als Botaniker. 91 S. 8°. K. K. Ober- gymn. zu den Schotten in Wien.

In der Bibliothek des Stiftes Schotten befindet sich die ziemlich seltene a Jammy im Jahre 1651 vollendete Ausgabe der Werke von Albertus ignus. An der Hand dieses Werkes gibt Verf. nach einer kurzen histori- ien Einleitung über die wichtigsten botanischen Forscher von Aristoteles Albertus eine zusammenhängende Darlegung der botanischen Ansichten s letzteren. Die Abhandlung, auf deren genauere Besprechung hier leider :ht eingegangen werden kann, ist reich an interessanten Détails. — *Bgr.*

456. *Steiner, Julius.* Verrucaria calciseda. Petractis exanthematica. 48 S. 8⁰. mit 2 Tafeln. K. K. Staats-Obergymn. in Klagenfurt.

Anatomische Untersuchung über den Bau der genannten beiden Krustenflechten, als deren wichtigstes Resultat Verf. den Nachweis führt, dafs die Hyphen der Flechten weder dem Inhalte ihrer Zellen noch deren Entwickelung nach Pilzhyphen sind, dafs sie dagegen den Algen sehr nahe stehen oder vielmehr gar nicht von ihnen zu trennen sind. Genauer beschrieben wird der eigentliche Zustand des Protoplasma in den Flechtenhyphen, welches zumeist in kleinere Kugeln zusammengezogen ist, die sich bei der Wasseraufnahme wieder vereinigen. — *Bgr.*

457. *Detlefsen, E.* Versuch einer mechanischen Erklärung des excentrischen Dickenwachstums verholzter Achsen und Wurzeln. 15 S. 4⁰. mit einer Tafel. Grofse Stadtschule zu Wismar. 565.

Verf. erklärt das excentrische Dickenwachstum der Holzgewächse aus einer Ungleichheit des Druckes, der seitens der Rindenschicht auf den Xylemteil ausgeübt wird, so zwar, dafs nach der Seite des verminderten Druckes das stärkere Dickenwachstum und umgekehrt sich befindet. — *Bgr.*

458. *Frommer, E. F.* Die Vegetationsverhältnisse im Gebiete der oberen Freiberger Mulde. 37 S. 4⁰. mit einer geognost. Karte. R. I. O. zu Freiberg. 486.

Die Abhandlung ist zunächst für die Schüler der Anstalt bestimmt und beschränkt sich auf die Gefäfspflanzen, während von den Moosen, Flechten, Algen und Pilzen nur wenig aufgenommen ist. Der Besprechung der Vegetation geht ein oro- und hydrographischer Abrifs sowie eine Übersicht über die geognostischen und klimatischen Verhältnisse des Gebietes voraus, welches zwischen 50⁰ 40′ und 51⁰ 5′ n. B. und 30⁰ 50′ und 31⁰ 18′ Ö. L. v. Ferro gelegen ist. Die Pflanzen sind nach Hauptvegetationsformen geordnet (Wald-, Wiesen-, Wasser-, Acker- und Gartenlandflora). — *Bgr.*

459. *Altram, Raimund.* Die Phanerogamenflora um Krumau. 18 S. 8⁰. K. K. Staats-Gymn. in Krumau.

Der vorliegende erste Teil beginnt mit den Gymnospermen und reicht bis zu den Amaryllideen. Jeder Familie ist ein Schlüssel zur Bestimmung der im Gebiete vorkommenden Gattungen und Arten beigegeben. Die Arbeit soll den Schülern als Hilfsmittel zur Bestimmung der Pflanzen bei Exkursionen dienen. — *Bgr.*

460. *Wastler, Franz.* Die phanerogamen Gefäfspflanzen des Vegetations-Gebietes von Linz (Fortsetzung und Schlufs). 56 S. 8⁰. Staats-Oberrealsch. zu Linz.

461. *Grimburg, Karl Grimus Ritter von.* Die Vegetationsverhältnisse im Thalbecken von Bozen. 26 S. 8⁰. K. K. Staats-Unterrealsch. in Bozen.

Verf. gibt zunächst einen petrographischen Abrifs der Umgegend von Bozen, bespricht sodann den Einflufs, der durch die Lage Bozen's hervorgebrachten stärkeren Bodenerwärmung und knüpft daran eine eingehende Betrachtung der pflanzengeographischen Regionen an einzelnen Bergen. Die mittlere Jahrestemperatur von Bozen (12⁰,2 C.) ist von derjenigen der lom-

rdischen Tiefebene wenig verschieden; es kommt deshalb eine ganze Reihe
n Pflanzen des Mediterrangebietes auch dort vor. Verf. hat dieselben
ersichtlich zusammengestellt. Die Zahl der Niederschläge ist sehr gering,
s Minimum wird im Januar, das Maximum im Juli erreicht. Auch den
nfluss der Winde auf die Vegetation bespricht Verf., am Schluss aber gibt
eine Übersicht über die Verteilung der Vegetation in vertikaler Richtung,
gen deren wir auf die interessante Abhandlung selbst verweisen müssen.
Byr.

2. *Kurtz.* Flora des Bezirks Ellwangen. 18 S. 4°. K. Gymnasium zu
Ellwangen. 510.

Vorliegende Abhandlung ist ein Teil einer getrennt erschienenen Broifire und umfasst die Gefässkryptogamen und einen Teil der Monokotylenen. Die Arten sind nach dem natürlichen System geordnet. Die den
iterabteilungen vorgedruckten Diagnosen sollen dem Schüler das Auffinden
r Arten erleichtern. — *Byr.*

3. *Strobl, P. Gabriel.* Flora von Admont. I. 74 S. 8°. K. K. Obergymn.
zu Melk.

Vorliegender Teil umfasst die Familien der Gymnospermen, Monokotydonen, der apetalen und der meisten gamopetalen Dikotyledonen nach End
:her's System. — *Byr.*

4. *Eilker, G.* Flora von Geestemünde. 88 S. 8°. Progymn. zu Geestemünde. 259.

Die Flora ist nach dem natürlichen System geordnet und enthält die im
stlichen Teil der Landdrostei Stade vorkommenden Phanerogamen und Gefässkryptogamen. — *Byr.*

5. *Jock, Ivan.* Phytophänologische Beobachtungen. 2 S. 8°. K. K. Realgymn. in Sarajevo.

Einige phänologische Beobachtungen aus den Jahren 1880 und 1881, aufistellt nach einem von Prof. Staub in Budapest entworfenen Schema. — *Byr.*

6. *Sykora, Eduard.* Die geographische Verbreitung der Solanaceen. 14 S. 8°.
K. K. Staats-Obergymn. in Bielitz.

Die tropischen und subtropischen Gegenden Amerika's, in geringerem
afse auch das Monsungebiet Ostindien's, sind die Gebiete, in denen die Soaaceen am meisten verbreitet sind. Dieselben sind in ihrem Vorkommen
meist an den Waldrand und an Lichtungen der Wälder gebunden, oder
e gedeihen auch da üppig wo menschliche Ansiedelungen späterhin sich
lbst überlassen wurden. Aufgrund dieser allgemeinen Bedingungen bespricht
erf. zunächst das Vorkommen der Solanaceen in den einzelnen Gebieten und
dann die Vegetationscentren bestimmter Arten, die teils auf der östlichen
ils auf der westlichen Hemisphäre heimisch sind. Am Schlusse gibt er
ne tabellarische Übersicht der in den einzelnen Vegetationsgebieten Grieseich's vorkommenden Gattungen. Arm an Solanaceen sind die Pampas; dem
ktischen Gebiete fehlen sie gänzlich. — *Byr.*

67. *Leimbach.* Beiträge zur geographischen Verbreitung der europäischen Orchideen. 14 S. 4⁰. Fürstl. Schwarzb. Gymn. zu Sondershausen. 621.

Tabellarische Zusammenstellungen der in den Ländern an der Nord- und Ostsee vorkommenden Orchideenarten. — *Byr.*

68. *Spranck, H.* Die Wälder Europa's während der Tertiärperiode im Vergleich zu denen der Jetztzeit. 43 S. 4⁰. R. II. O. und Progymn. zu Homburg vor der Höhe. — 345.

Die Waldbäume der Tertiärzeit waren Dikotyledonen oder Gymnospermen, während die baumartigen Monokotyledonen zurücktreten. Verf. stellt in einer Tabelle 62 baumbildende Pflanzenfamilien des Tertiär mit den noch jetzt vorkommenden Gattungen zusammen, zu denen nach Schimper und v. Ettingshausen noch weitere 17 Familien kommen. Dann schildert er die geographische Verbreitung der wichtigsten Waldbäume Europa's während der Tertiärperiode sowie den physiognomischen Charakter der Wälder. Im zweiten Teile stellt Verf. zunächst die Familien zusammen, deren Arten die heutigen Wälder zusammensetzen; es sind gegenüber den 79 Familien der Tertiärperiode nur 27, was er ausführlich zu erklären sucht. Alsdann bespricht er die heutige Verbreitung der Wälder in Europa, zeigt, wie sich dieselbe innerhalb der geschichtlichen Zeit verändert hat, und schliefst mit einer Schilderung des physiognomischen Charakters der heutigen Wälder. — *Byr.*

69. *Nielsen, Chr.* Der heutige Stand des Wiesenbaues. 17 S. 4⁰. Realsch. und Landwirtschaftsschule in Varel a. d. Jade. 583.

Verf. bespricht zunächst die gewöhnlichen Formen der Wiesen (Stauund Rieselwiesen) und hebt die Verdienste von Vincent und Petersen um die Verbesserung der letzteren hervor. Im zweiten Teil wird die Bedeutung der Bewässerung für die Wiesenpflanzen und für das Wachstum derselben geschildert. — *Byr.*

70. *Richter, F.* Das Aquarium des zoologischen Gartens zu Frankfurt a. M. 33 S. 4⁰. mit einer Tafel. Wöhlerschule zu Frankfurt a. M. 349.

Die Abhandlung, die in erster Linie für die Schüler der Anstalt geschrieben ist, indessen auch für andere Aquariumbesucher von Interesse sein dürfte, enthält eine Schilderung des Baues und der Einrichtung des genannten Aquariums und zählt alsdann die daselbst gepflegten Tiere auf, bei jedem eine Beschreibung des Körperbaues und in vielen Fällen auch Notizen aus dessen Ökonomie beifügend. — *Byr.*

71. *Hoffer, Eduard.* Skizzen aus dem naturhistorischen Museum. 14 S. 8⁰. Landes-Oberrealsch. zu Graz.

72. *Mayr, Gustav.* Die Genera der gallenbewohnenden Cynipiden. 30 S. 8⁰. Kommunal-Oberrealsch. im I. Bezirke zu Wien. (Auch als Separatabdruck erschienen bei A. Hölder, Wien).

Verf. gibt in der vorliegenden verdienstvollen Arbeit einen Schlüssel zur Bestimmung der Gattungen der Gallwespen. Jeder einzelnen Gattung ist in der systematischen Zusammenstellung derselben eine genaue Diagnose sowie ein Verzeichnis der zu ihr gehörigen Arten beigegeben. Die Arbeit

...ist aufser den europäischen auch eine grofsen Teil von nordamerikani-
schen Formen. — *Byr.*

Lamprecht, H. Die Goldwespen Deutschland's. 27 S. 4⁰ (mit e. Tafel).
Herzogl. Franciscenm zu Zerbst. 592.
Verf. gibt eine allgemeine Beschreibung des Körperbaues und der Lebens-
weise der Chrysiden und sodann eine Bestimmungstabelle der Gattungen,
die er 9 unterscheidet. Der Diagnose der einzelnen Arten ist eine ein-
gehendere Charakteristik vorangeschickt. — *Byr.*

Glaser. Fauna der nähern Umgebung von Bingen. (Schlufs). 27 S. 4⁰.
Grofsherz. Realsch. zu Bingen. 552.
Schlufsteil einer früheren Abhandlung des Verf. Er enthält die Familien
Curculionidae, Cerombycidae, Chrysomelidae, Coccinellidae, Tenebrionidae,
Mordelidae, Meloidae und Oedermidae. — *Byr.*

Kettelhoit. Über die Schuppen der Schmetterlingsflügel. 9 S. 4⁰. Lyceum
Colmar. 433.
Nach einer Übersicht über die einschlägige Litteratur, einer Besprechung
des anatomischen Baues der Schuppen sowie des Nutzens derselben für den
Schmetterling geht Verf. dazu über, an der Hand des allgemeinen Schuppen-
formenbildes eine Verwandtschaft zwischen den einzelnen Gattungen der
Lepidopteren aufzustellen. Er unterscheidet zwei Hauptabteilungen von
Schmetterlingen und teilt die zweite nochmals in zwei Gruppen. — *Byr.*

c) Geologie.

Prückoldt, H. Geschichte der Geologie in Thüringen. 28 S. 4⁰. Realsch.
Meiningen. 609.
Nach einer Zusammenstellung der gesamten auf die Geologie Thüringen's
bezüglichen Litteratur bis zum Jahre 1880 gibt Verf. einen Überblick über
die Entwickelung der geologischen Wissenschaft überhaupt und hebt die
Dienste der Thüringer Geologen Füchsel, W. v. Charpentier, Karl Wilhelm Voigt, Joh. Ludwig Heim, von Hoff, von Schlotheim, von Wachenroder,
Richter, Geivitz und Credner um die Kenntnis der Flötzformationen Thürin-
gens hervor. — *Byr.*

Liebe. Die Seebedeckungen Ostthüringen's. 12 S. 4⁰. Gymn. zu
Gera. 615.
Verf. weist nach, dafs Ostthüringen im allgemeinen von einem flachen
Meere bedeckt war, dessen Tiefe indes mannigfachen Schwankungen unter-
lag, während die Gleichheit der Sedimentärgesteine im Cambrium und im
Silur auf eine gröfsere Meerestiefe schliefsen lassen. — *Byr.*

Fugger, E. Die Bergbaue des Herzogtums Salzburg. 25 S. 8⁰. Staats-
oberrealsch. zu Salzburg.
Nach einer geschichtlichen Übersicht über die Entwickelung, die Blüte
und den Verfall des Bergbaues in Salzburg gibt Verf. eine Aufzählung der
salzburgischen Bergbaue, welche an Zahl die gegenwärtig vorhandenen...

sehr bedeutend übersteigen. Die letzteren werden dabei besonders beschrieben und statistische Bemerkungen über ihren Betrieb vom Jahre 1871—1880 beigefügt. — *Byr.*

79. *Föllner, A.* Die Braunkohlen des Falkenau-Elbogen-Karlsbader Reviers. 12 S. 8°. Mit e. Kartenskizze und einer Tabelle. Kommunal-Oberrealsch. zu Elbogen.

Verf. beschreibt die geologische Lage des Braunkohlen führenden Beckens, welches der Tertiärformation angehört und rings von Gliedern der archäischen Formationsgruppe umgeben ist. Die Resultate einer Reihe von Untersuchungen über Strich, Kohäsion, specif. Gew., Wasser-, Gas- und Aschengehalt der einer Anzahl von Werken entnommenen Kohlen sind in einer Tabelle enthalten, zu welcher der Text die nötigen Erläuterungen und eine Anzahl von Erweiterungen gibt. — *Byr.*

80. *Baier, A.* Eine geologische Exkursion in die Umgebung von Bielitz-Biala. 33 S. 8°. K. K. Staats-Oberrealsch. in Bielitz.

Die zunächst für Schüler der Anstalt bestimmte Abhandlung enthält in ihrem ersten Teile einige Betrachtungen aus der physikalischen Geographie und der historischen Geologie und gibt im zweiten eine Schilderung des der Kreideformation sowie jüngeren Formationen angehörigen Bezirks von Bielitz. Der dritte endlich enthält allgemeine Betrachtungen. — *Bgr.*

L. Zeichnen, Turnen.

81. *Stolz, Michael.* Der Zeichenunterricht als Mittel allgemeiner Bildung. 11 S. 8°. K. K. Oberrealsch. in Innsbruck.

Als Aufgabe des Zeichenunterrichts stellt Verf. hin: 1) Auffassung und Unterscheidung der Formen zu üben, 2) das Erlernen anderer Lehrobjekte zu erleichtern und 3) den Sinn für das Schöne durch Vorführung und Erläuterung der Formen der bildenden Kunst zu wecken und auszubilden. Aus diesem Werte des Zeichenunterrichtes für die allgemeine Bildung folge, dafs keder Dispensation eintreten wegen „Mangels an Talent" noch besondere Zeichenklassen je nach der Fertigkeit der einzelnen gebildet werden dürften. Hiernach wird der Lehrplan dargelegt. — *Gusserow.*

82. *Kirchner, Josef.* Das Ornament in seiner technischen Verwendung sowie inbezug auf den Zeichenunterricht. 25 S. 8°. K. K. deutsche Staats-Oberrealsch. in Trautenau.

Der Zeichenunterricht soll nicht allein auf Handfertigkeit sondern auch auf das Verständnis der Formenwelt und auf Bildung des Schönheitsinns gerichtet sein. Es müssen daher auch Bestimmung und Wesen des Ornamentes sowie die Arten des Stils zur Erklärung gelangen. Verf. gibt diese Erklärungen und geht alsdann zu den Mitteln über, welche beim Zeichenunterricht zur Anwendung kommen. Dabei empfiehlt er u. a. Zeichnungen nach dem plastischen Ornament mit Graphit No. 3 und Wischer anzufertigen, die höchsten Lichter mit Radiergummi, die letzten Tiefen mit Creta polycolor und (sehr vorsichtig) mit lithographischer Kreide einzusetzen. — *Gusserow.*

483. *Grau.* Über den Freihandzeichenunterricht an höheren Lehranstalten. 29 S. 4°. K. Gymn. und Höh. Bürgersch. zu Stade. 274.

Unter vollständiger Verwerfung des Nachzeichnens von Vorlagen stellt Verf. die Forderung, dafs nur nach der Natur gezeichnet werde. Davon erwartet er, aufser Handgeschicklichkeit, eine günstige Einwirkung in physiologischer Hinsicht auf das Auge durch die Übung im Genausehen, in psychologischer auf den Verstand, indem der Schüler sich dessen, was er sieht, bewufst wird; der Zeichenunterricht soll aber auch einen Beitrag liefern zur Veredlung des Geistes, und zwar durch Hinweis auf das Schöne in Form und Farbe. Hieraus folgt, dafs auch die Farbenlehre behandelt werden mufs. Nach diesen Forderungen bespricht Verf. die Klassenpensen imanschlufs an die Lehrpläne des Vereins deutscher Zeichenlehrer, schliefst das Zeichnen von Landschaften als zu schwierig aus und weist das geometrische Zeichnen dem mathematischen Unterrichte zu. — *Gusserow*.

484. *Zartmann.* Leitfaden für den Unterricht in der Linearperspektive. 23 S. 4° und 2 Tafeln. Bürgerschule zu Löwenberg i. Schl. 191.

Der Unterricht in der Linearperspektive ist nach Möglichkeit mit dem mathematischen in Beziehung gebracht unter Anschlufs an die Lehrbücher von Kambly. Beigegeben sind 35 Figuren. Wie sehr diese Arbeit einem Bedürfnis entgegenkommt, zeigt ihr Abdruck in der Troschel'schen „Zeichenhalle" und ihr Erscheinen im Separatabdruck. — *Gusserow*.

485. *Schürmann, Friedr.* Lehrplan und Methode für den Zeichenunterricht. Erste und zweite Stufe. 12 S. und 8 Tafeln 4°. Höh. Bürgersch. zu Marburg. 362.

Der Zeichenunterricht soll durch Übungen im Beobachten, Erkennen, Urteilen und Vorstellen teilnehmen an der Ausbildung des Menschengeistes. Erstrebt werden Fertigkeit und Leichtigkeit der Hand und Ausbildung des Auges. Für die untersten Stufen wird der Massenunterricht empfohlen. Die Korrektur seitens des Lehrers soll nur mit Worten, nie mit der Hand geschehen.

Vorlagen werden im Prinzip verworfen, doch können dieselben beim Abschlufs eines Kurses, um eine Vernachlässigung der Technik zu vermeiden, mit Vorsicht benutzt werden.

Unter den verschiedenen Methoden, welche besprochen werden, ist die sogenannte Hamburger unerwähnt geblieben. — *Gusserow*.

486. *Knape, Eduard.* Die Schulhygiene und das Schulturnen. 11 S. 4°. Höh. Bürgersch. zu Ratibor. 192.

Ein anregend geschriebener Aufsatz, in welchem Vorschläge gemacht werden, wie der Degenerescenz der Schuljugend gesteuert werden kann. Der Grund der Krankheiten und der Verkümmerung liegt allerdings teils in den Verhältnissen vieler Schulen, teils aber, und noch mehr, aufserhalb derselben. Imhinblick auf die englische Erziehung wünscht Verf. eine Reform des Turnunterrichts und findet für diesen erforderlich: wöchentlich mindestens 3—4 Stunden, persönliche Leitung eines wissenschaftlich gebildeten und technisch befähigten Lehrers, Bestehen eines Turnexamens für

en Lehrer höherer Lehranstalten, einen schattigen Turnplatz sowie ein
gen Regen und Kälte schützendes Übungslokal in der Nähe jeder Anstalt
d die Abhängigkeit der Berechtigung für den einjährig-freiwilligen Militär-
:nst von dem Nachweise guter Turnleistungen. — *Peters.*

7. *Hans, E.* Die Sehkraft der Schuljugend. 6 S. 8⁰. Landes-Realgymn.
zu Stockerau.

Verf. führt die Übelstände an, welche nach dem Urteil der Ärzte eine
rminderung der Sehkraft bewirken, und die Mittel, die vorgeschlagen
id, eine Besserung herbeizuführen. Er geht dann zu den Grundsätzen
er, die in dieser Beziehung für die österr. Schulen gelten, muſs aber kon-
itieren, daſs, trotz deren Beobachtung an seiner Schule, die Kurzsichtigkeit
Wachsen ist. — *Kl.*

8. *Nekljinka, Fugen.* Untersuchungen über Kurzsichtigkeit. 16 S. 8⁰.
Landes-Oberrealsch. zu Graz.

Die Abhandlung schlieſst an zwei andere an, über welche bereits oben
.-O. X. S. 194) berichtet worden ist. Verf. teilt seine Untersuchungen über
rzsichtige Schüler und Schülerinnen mit, deren Zahl an dem I. Grazer
rmnasium die bedenkliche Höhe von 33,08% erreicht, und bespricht die
:sachen für die Häufigkeit dieses Augenleidens. — *Byr.*

9. *Westphal, August.* Über Schulhygiene. 32 S. 4⁰. Gymn. zu Schleiz.
617.

Enthält die Resultate von Untersuchungen über den Kohlensäure- und
:nchtigkeitsgehalt der Luft in den Räumen des Schleizer Gymnasiums,
wie über die Sehschärfe, die Refraktionszustände und den Astigmatismus
r Angen der Gymnasiasten. Im Anschluſs hieran gibt Verf. eine Diskussion
r die Schulhygiene überhaupt betreffenden Fragen. — *Byr.*

M. Kataloge, Schulreden, Nekrologe, Schulgeschichtliches.

a) Kataloge.

10. *Zukal, J.* Aus der Troppauer Museumsbibliothek. II. 36 S. 8⁰. K. K.
Staats-Oberrealsch. zu Troppau.

Fortsetzung der oben (C.-O. X. S. 209) besprochenen Mitteilungen über
ss. und alte Drucke der bezeichneten Bibliothek. Bemerkt sei besonders,
ıſs sich auf den Deckeln oder den letzten Blättern einzelner der citierten
:hriften Dokumente oder Notizen befinden, welche interessantes Material
ır Personen- und Ortsgeschichte liefern. — *J. K.*

11. *Weyerhäuser, H.* Mitteilungen über die Gymnasialbibliothek zu Büdingen
nebst einem Verzeichnisse der in ihr befindlichen Bücher aus dem 15.,
16. und 17. Jahrhundert. 24 S. 4⁰. Groſsherzogl. Gymn. zu Büdingen.
544.

Nach einem Überblick über die Geschichte der Büdinger Gymnasial-
bibliothek liefert Verf. ein alphabetisches, nach den einzelnen Disciplinen
eordnetes Verzeichnis der Bücher aus dem 15.–17. Jahrhundert. — *Peters.*

492. *Schmölz, Gustav.* Die Handschriften der Gymnasial-Bibliothek. II. 32 S. 4°. Programm des K. Dom-Gymn. in Halberstadt. 197.

Fortsetzung der Aufzählung und Beschreibung der in der Gymnasialbibliothek enthaltenen Handschriften (No. 191—220) und Handschrift-Fragmente (1—15). — *Peters.*

b) Schulreden und Schulfeiern.

493. *Wülken, Heinrich.* Einige Schulreden. 12 S. 4°. K. Gymn. zu Meppen. 270.

Drei Reden des kurz vor der Veröffentlichung des Programms verstorbenen Verfassers. Die erste handelt über Gesellschaft und Freundschaft, die zweite über den Spruch „Ora et labora", die dritte enthält kulturhistorische Betrachtungen über die in Europa und besonders in Deutschland im Laufe der Jahrhunderte eingeführten Pflanzen. — *J. K.*

494. *Schüller, Friedrich.* Mainz vor 10 Jahren. S. 25—30. 4°. Grofsherzogl. R. I. und II. O. zu Mainz. 555.

Ein Rückblick auf die ersten Kriegsereignisse des Jahres 1870 und deren Einwirkung auf die damalige Stimmung in Mainz. (Schulrede). — *J. K.*

495. *Hampke.* Abschied des Direktors Schöning und Einführung des Direktors Hampke. 8 S. 4°. Gymn. und Realsch. I. O. zu Göttingen. 260.

Reden des Schulrates Haeckermann, des scheidenden Direktors Schöning und des antretenden Direktors Hampke. — *Peters.*

496. *Ehrald, R.* Gedächtnisrede auf O. Schneider. 10 S. 4°. Herzogl. Gymn. Ernestinum zu Gotha. 605.

Ein warm geschriebenes Lebensbild des tüchtigen Philologen O. Schneider; zum Schlufs Aufzählung seiner Schriften. — *Peters.* ·

497. *Dammert, F. L.* Zur Feier des Geburtsfestes Sr. Maj. Kaiser Wilhelm's. Rede gehalten von J. L. D. S. 16—26. 4°. Grofsh. Gymn. zu Mannheim. 526.

Schilderung der Zustände des deutschen Volkes vom 30jährigen Kriege bis zur Erhebung König Wilhelm's zum deutschen Kaiser. — *Peters.*

498. *Strackerjan, Karl.* 1) Das Herbart-Denkmal und die Herbart-Stiftung. 2) Zur Feier deutscher Dichter, Abend 9 und 10. 3) Die Stellung der Lehrer im städtischen Dienste. 47 S. 4°. Realsch. zu Oldenburg. 582.

1) Entstehung des Herbart-Denkmals und Abdruck des Statuts der Herbart-Stiftung; 2) Vorträge über Tiedge, Matthisson, Salis, Seume, Schubart, Hölderlin und Chamisso; 3) hat nur lokales Interesse. — *Peters.*

c) Nekrologe.

499. *Müller, F.* Zur Erinnerung an den Abt Othmar Helferstorfer. 27 S. 8°. Nieder-österr. Landes-Realgymn. zu Baden.

Die Arbeit zeigt uns das Lebensbild eines Mannes, der, 1810 als Sohn eines Leinwebers in Baden geboren, sich durch eigene Kraft zum Direktor des Schottengymnasiums, Hofprediger und Abt des Schottenklosters emporeitete. Er wurde Mitglied des Abgeordnetenhauses und 1870 Landmarschall von Nieder-Österreich. 1875 ernannte ihn der Kaiser zum lebensglichen Mitgliede des Herrenhauses. Er zeigte sich immer mäfsig, tvoll und klug und wufste auch als Mönch und Priester seine weltlichen ichten vollkommen zu erfüllen. Sein Tod erfolgte am 25. Oct. 1880. — An diese Darstellung schliefst der Verf. ein Verzeichnis der im Druck chienenen litterarischen Arbeiten H.'s. — Kl.

). *Orgler, Fr.* P. Dismas Tuzer ord. s Francisci. 33 S. 8⁰. Gymn. zu Hall.

Nicht blofs nach eigenen Beobachtungen oder Mitteilungen anderer idern auch nach den Aufzeichnungen Tuzer's selbst entwirft Verf. das bonsbild dieses Mannes, der von 1798 bis 1849 in Hall und Bozen als sfekt und Lehrer thätig war und zugleich zwölf Jahre lang als Provial an der Leitung seines Ordens teilnahm. — *Kl.*

1. *Huffer, Berthold.* Nekrolog des Professors P. Odilo Hochfellner. 3 S. 3⁰. K. K. Obergymn. zu Melk.

2. *Wolfgruber, Coelestin.* Nachruf an Abt Othmar Helferstorfer. 6 S. 8⁰. K. K. Obergymn. zu den Schotten in Wien.

3. *Rumpf, Jakob.* Professor Karl B. Heller, Nekrolog. 12 S. 8⁰. Gymn. der K. K. theresian. Akademie zu Wien.

4. *Stampfer, P. Cölestin.* Regens Gottfried Purtscher, ein Lebensbild. (Fortsetzung.) 56 S. 8⁰. K. K. Gymn. der Benediktiner von Marienberg zu Meran.

Vergl. C.-O. X. p. 210. — *Paters.*

d) Schulgeschichtliches.

5. *Volckmann, R.* Kurtzer Entwurff des Schul-Statuts bey der Evangelischen Kirche vor Jauer. Nach den handschriftlichen Aufzeichnungen des Prorektor S. Tilgner. II. S. 21—40. 4⁰. Städt. ev. Gymn. zu Jauer. 159.

Der hier veröffentlichte Abschnitt schliefst sich unmittelbar an den tten im Satze abgebrochenen ersten Teil an, der dem Ref. jedoch nicht rgelegen hat. — Er ist der Abdruck einer Art von Mémoiren, die zwar upt-ächlich private Verhältnisse schildern, die Schulvorsteher und die llegen charakterisieren, die Verhandlungen über Schulangelegenheiten und e dabei zu Tage getretenen Intriguen beschreiben, doch auch einiges von gemeinem Interesse, besonders über die damalige Lehrverfassung, mitlen. Nach der (S. 32 gegebenen) Stoffeinteilung ist noch eine Fortsetzung tser Publikation zu erwarten. — *J. K.*

6. *Funck, Heinrich.* Die alte badische Fürstenschule und August Böckh. 25 S. 4⁰. Grofsherzogl. Gymn. zu Karlsruhe. 524.

Nach einer kurzen Geschichte der im 16. Jahrh. gegründeten Anstalt d ihrer älteren Lehrverfassung werden, hauptsächlich nach Akten des Gymslums, Mitteilungen über die Schulzeit August Böckh's gemacht, der die

Anstalt von 1792 bis 1803 besuchte. Das hier publizierte Material gibt ein ziemlich vollständiges Bild von dessen Jugendstudien und Leistungen nach dem Urteile seiner Lehrer, die seine wissenschaftlichen Fähigkeiten schon früh erkannten. Gleichzeitig erhalten wir einige Nachrichten über Böckh's namhaftere Lehrer (u. a. Johann Peter Hebel) und Mitschüler (u. a. Nebenius). — *J. K.*

507. *Ubbelohde, K.* Mitteilungen über ältere Lüneburger Schulordnungen. 26 S. 4°. Johanneum zu Lüneburg. 267.

Kurze Geschichte des Lüneburger Gymnasiums seit dessen Reformation durch Urbanus Rhegius 1531 und auszügliche Mitteilung von Schulordnungen aus den Jahren 1577, 1687 und 1774. — *Peters.*

508. *Wallner, Julius.* Geschichte des K. K. Gymnasiums zu Iglau. I. Teil. Geschichte der lateinischen Schule während der Zeit des Protestantismus 1562—1623. 91 S. 8°. K. K. Staats-Obergymn. zu Iglau.

Die Arbeit zerfällt in folgende Teile: 1. Organisation der lateinischen Schule, a) Schulverfassung und innere Einrichtung, b) Verhältnis zur Kirche, c) das Lehrpersonal; 2. Geschichte der lateinischen Schule und deren Rektoren von 1562 bis 1623; 3. Stiftungen und Benefizien zur Förderung des Studiums. Im Anhange werden Beiträge zur Geschichte des niederen Schulwesens in Iglau im 16. Jahrhunderte und eine Tabelle der Iglauer Schulrektoren gegeben. Vgl. C.-O. X. S. 210. — *Fechr.*

509. *Richter, O.* Rückblick auf die 10jährige Geschichte der Anstalt. 6 S. 4°. Städt. höh. Bürgerschule zu Eisleben. 230.

Die Anstalt wurde am 13. Okt. 1870 mit 63 Schülern in 3 Klassen eröffnet. Die höchste Frequenz wurde Ostern 1874 erreicht mit 221 Schülern. Seit dem April 1878 ist die Anstalt einer vollständigen R. 1. O. in den entsprechenden Klassen gleichgestellt. — *Kl.*

510. *Müller, R.* Geschichte des altstädtischen Gymnasiums. Stück 7. 21 S. 4°. Altstädt. Gymn. zu Königsberg in O.-Pr. 5.

Im 17. und 18. Jahrh. standen die Schulen unter der Herrschaft mancher Sitten und Gebräuche, durch welche teils viel Zeit vergeudet, teils sogar die Regelmäßigkeit des Unterrichts unmöglich gemacht wurde: kein Schulaktus und keine sonst irgend passende Gelegenheit durfte vorübergehen, ohne daſs Schüler angeblich von ihnen selbst gefertigte Gedichte vortrugen. Ebenso ernstliche Störungen erlitt der Unterricht durch die „Cirkuite", die das Einkommen der Lehrer verbesserten, sowie durch die Kurrende, die arme Schüler vor dem Verhungern schützte. Auch bei den Leichenkonduktien fiel ein Teil der eingehenden Gelder den Lehrern zu, und daher hielten trotz aller Störung des Unterrichts sich diese Miſsbräuche bis in den Anfang unsres Jahrhunderts. — *K7.*

511. 1. *Westermann.* Entstehungsgeschichte des Gymnasiums. 3 S. 4°. 2. *Muſs, Chr.* Bericht über die Eröffnungsfeier. 6 S. 4°. König-Wilhelms-Gymn. zu Stettin. 115.

1. Der Bau dieses dritten Stettiner Gymnasiums wurde, da die Stadt

chts zu den Kosten beitragen konnte, dadurch ermöglicht, dafs ein Bauverein
'n Grund und Boden unentgeltlich hergab und das Marienstift die Kosten
im Bau eines provisorischen Gebäudes und einen jährlichen Zuschufs über-
ihm. Der Bau dauerte von Okt. 1879 bis Okt. 1880. Es schliefst sich an
ese Entstehungsgeschichte der Bericht des Dirigenten über die Eröffnungs-
ier, die am 11. Okt. 1880 erfolgte. — *Ki*.

12. *Hölscher, U.* Geschichte des Herzogl. Pädagogiums in Bützow (1760—
1780), nach den Quellen bearbeitet. 28 S. 4°. R. I. O. zu Bützow. 566.

Die Anstalt, welche 1760 eröffnet wurde, als Herzog Friedrich die
niversität von Rostock nach Bützow verlegt hatte, war aus dem Bedürfnis
er Zeit nach realer Bildung hervorgegangen. Dessenungeachtet sollte das
istitut gleichzeitig auch humanistisch für die Universität vorbereiten und
dem Gelegenheit bieten alles zu lernen. Wegen dieser Unklarheit und
eil die pädagogischen Grundsätze sehr locker waren, konnte die Schule
icht gedeihen und mufste 1780 wieder aufgelöst werden. — *A7.*

13. *Bonstedt.* Bericht über die Geschichte und gegenwärtige Einrichtung
der von Conradi'schen Stiftung und des von Conradi'schen Instituts. 38 S. 8°.
Conradinum zu Jenkau bei Danzig. 39.

Das Institut wurde nach dem Tode des Stifters (1798) 1801 als Gym-
asium eröffnet, 1814 aber wegen Erschöpfung des Fonds suspendiert. 1819
folgte die Neueröffnung der Anstalt als eines Lehrerseminars. Seit 1843
steht sie als Höhere Bürgerschule. Die folgenden Abschnitte der Arbeit
handeln: Verwaltung, Lage und Einrichtung des Instituts, sodann die
erhältnisse der Schüler, die Aufnahmebedingungen und die Berechtigungen,
ie durch Schulzeugnisse der Anstalt erworben werden. — *Ki.*

14. *Sievert, Gustav.* Beschreibung des Schulgebäudes. — Beiträge zur Geschichte des Stettiner Schulwesens. 52 S. 4°. Städt. Realsch. zu Stettin. 120.

Der erste Aufsatz hat nur lokales Interesse, der zweite gibt die Ent-
tehung und äufsere Geschichte der höheren Lehranstalten der Stadt. —
borchardt.

15. *Bohnstedt.* Bericht über die Einweihung des neuen Gymnasialgebäudes.
11 S.; *Ebinger,* Antrittsrede 3 S.; *Tschiersch, O.* Matriculae Lycei Lucca-
viensis ex actis conquisitae et descriptae. 8 S. 4°. Gymn. zu Luckau. 69.

Alle drei Arbeiten sind nur von örtlichem Interesse; die letzte gibt ein
'erzeichnis der Schüler, welche seit 1666 bis c. 1714 die Anstalt besuchten.
- *Peters.*

16. *Fiserlen, F.* Der Umzug aus dem alten in das neue Schulgebäude und
die Einweihung des letzteren. 11 S. 4°. Musterschule in Frankfurt a. M. 348.
Schilderung der Feier, Mitteilung der dabei gehaltenen Reden. — *Peters.*

17. *Knott, Fr. Wilh.* Bericht über die Feier des 50 jährigen Jubiläums der
hiesigen Realschule 8 S. 4°. R. I. O. zu Mülheim am Rhein. 413.
Beschreibung des Festes und Mitteilung der dabei gehaltenen Reden. —

518. *Ohlert, B.* Rede zur Feier der vor 50 Jahren erfolgten Anerkennung der Petrischule als höhere Lehranstalt. 13 S. 4°. R. I. O. zu St. Petri und Pauli in Danzig. 34.

Die Rede gibt aus der Entwickelungsgeschichte der Schule eine Darstellung der Momente, welche der Anstalt zu ihrer gegenwärtigen Blüte verholfen haben, und schildert besonders die bedeutsame Thätigkeit des ehemaligen Direktors Höpfner. — *Peters.*

e) Lehrplan.

519. *Baerwald, Hermann.* Bemerkungen über den Lehrplan. Für die Eltern unserer Schüler und Schülerinnen. 29 S. 4°. Real- u. Volksschule der isr. Gemeinde zu Frankfurt a. M. 352.

Sehr beachtungswerte Bemerkungen über die Konzentration des Unterrichts bei der Mannigfaltigkeit der Unterrichtsgegenstände, nicht minder über die Mitwirkung der Eltern an der erziehenden Thätigkeit der Schule. Ausführliche Mitteilung des Lehrplanes. — *Peters.*

520. *Liebhold.* Die Stellung des Lateinischen im Lehrplan der Höheren Bürgerschule. 9 S. 4°. Städt. Höh. Bürgersch. zu Nauen. 96.

Ausgehend von der historischen Entwickelung der Realschulen und Höheren Bürgerschulen zeigt Verf., daſs aus theoretischen und praktischen Gründen das Lateinische auch im Lehrplan der erwähnten Schulen eine hervorragende Stellung einnehmen müsse. — *Fschr.*

521. *Deussen.* Plan und Gliederung des deutschen Unterrichtes an der Realschule und der damit verbundenen Bürgerschule. 10 S. 4°. Realsch. zu Essen. 412.

Kurze Darstellung der leitenden Ideen bei der Erteilung des deutschen Unterrichts an den genannten Anstalten, die jedoch wesentlich Neues nicht enthält. Was S. 5 über die Beschäftigung mit dem Mhd. gesagt wird, ist nach der letzten Ministerialverfügung zu modifizieren. Doch dürften einige Vorschläge zur Lektüre in den oberen Klassen (S. 6 u. 7) vielleicht Beachtung finden. — *J. K.*

f) Varia.

522. *Henke, O.* Der Gespensterglaube der Gegenwart. I. 30 S. 8°. R. I. O. in Mülheim a. d. Ruhr. 414.

Um eine unbefangene Kritik des modernen Spiritismus zu liefern, vergleicht Verf. ähnliche geistige Epidemieen früherer Zeiten und findet besonders in der weiten Verbreitung und den visionären Zuständen des mittelalterlichen Hexenwesens ein Analogon zu dieser Erscheinung der Neuzeit Darauf folgt eine geschichtliche Übersicht der „spiritistischen Thatsachen" in Amerika und Europa. — *Bolle.*

523. *Kropatscheck.* Das Fächeralbum Elise's von der Recke. Eine litterarhistorische Kuriosität aus dem Jahre 1785. Realsch. zu Brandenburg a. d. H. 87.

Tendenz und Raum des C.-O. haben uns leider genötigt manche von obigen Referaten unsrerseits zumteil nicht unerheblich zu kürzen. Der wesentliche Inhalt der Programme wird aber auch so noch überall, so hoffen wir, klar zu erkennen sein. **Red.**

Register.*)

A. Nach den Verfassern.

dam 159, Ahlborn 402, Allram 459, Anton 146, Arnstädt 34, Asch 279.
achmann 377, Backs 8, Bänitz 150, Baer 433, Baerwald 519, Bahnsen 32, Baier 480, Barlen 26, Baron 163, Barta 162, Basedow 293, Bass 306, Baumann 124, Beckers 291, Beelte 313, Benedict 82, Berblinger 334, Bernd 14, Bernhard 390, Bertram 9, Biedermann 220, Binder 232, 369, Bindseil 222, Blasel 382, Boblenz 173, Boehme 50, Bohnstedt 515, Boldt 155, Bonstedt 513, Braitenberg 196, Braun 408, Bräuning 180, Brenthel 270, Bresina 428, Breuer 323, Brocks 164, Brüll 24, Brunelli 114, Brunner 264, Buchenau 55, Bünger 121, Burchardi 157.
brist 176, Čtvrtečka 116, Czwalina 309.
ammert 497, Daurer 450, Decker 108, Deiters 117, Detlefsen 185, 457, Deufsen 521, Deutschbein 281, Dewitz 314, Dimter 104, Disselbeck 339, Doberentz 208, Dolega 105, Donnemiller 325, Dörfler 454, Drewes 96, Dronke 22, Dürnwirth 73.
berhardt 101, Egerer 149, Ehlers 289, Ehlert 424, Ehwald 496, Eichner 257, Eilker 464, Eiselen 516, Ellinger 375, Endemann 138, Engel 221, Exner 410.
aust 140, Fauth 54, Fellner 455, Feyerabend 287, Picker 21, Fielitz 95, Fietz 77, Fischer, J. G. 2, E. 261, F. 298, 446, Francke 158, Franzen 211, Frentzel 420, Frerichs 1, Friede 31, Fries 258, Friefs 322, Fritz 59, Fritzsche 362, Froitzheim 349, Frommer 458, Frömter 327, Frosch 386, Fugger 478, Führer 218, Funck 506, Furenka 176, Füfslein 23.
aquoin 354, Gafsner 330, Gast 255, Gegenbaur 315, Gelbke 38, Gemelin 274, Genthe 340, Gidionsen 257, Gilles 415, Glaser 139, 200, 477, Glowacki 453, Godt 373, Goecke 156, Gräber 175, Gräter 282, Grau 483, Grimburg 461, Grimm 120, Gröll 404, Grofs 99, Gumpert 161, Guttmann 25.
laas 487, Hampke 495, Hahn 227, Handrik 437, Hann 42, Häpke 445, Happach 421, Harnecker 123, Hartung 235, Häsecke 151, Hasper 197, Haupt 174, Hauschild 203, Heffter 441, Heger 394, Heidemann 88, Heinacher 252, Heinrich 348, Held 132, Henke 522, Herford 64, Hermann 209, Hertel 337, Hesse 364, Hickmann 397, Hocevar 405, Hoche 262, Höck 303, Hoffer 471, 501, Hoffmann, J. 357, E. 358, Höhne 3, Holle 302, Hölscher 512, Holtze 171, Holser 136, Holzmann 217, Horák 352, Hörich 51, Hrastilek 263, Huarath 399.
mme 58. Jackwitz 417, Jansen 434, Jannschka 443, Jarnick 300, Joch 465, Jundt 83, Jungmann 142.
lainer 360, Kayser 407, Kerer 194, Kettelboit 475, Khull 72, Kiechl 363, Kieffer 109, Kiehl 367, Kindelmann 7, Kirchner 20, Kirsch 331, Kirschner 482, Kirschstein 286, Kleiber 400, Kleifsl 311, v. Kleist 28, Klimke 135, Klobása 17, Knabe 44, Knabl 365, Knape 486, Knirr 358, Knobloch 225, Knod 318, Knoke 247, Knott 517, Kobert 419, Koch 103, 272, Koerber 259, Kohlmann 204, 236, Kohm 195, Kolbenheyer 439, Königs 13, Korufeind 290,

---
*) Die hinter den Namen stehenden Zahlen sind die unserer obigen laufenden Nummern.

Köſsler 381, Köster 316, Kraffert 215, Krause 30, 58, Kraut 191, Krebs 45, Kreutzinger 273, Kropatscheck 523, Krüger 36, Krumholz 277, Kubicki 230, Kubista 43, Kuhlmann 190, Kühnel 68, Kummerer 238.
Lamprecht 473. Lange 112, 447, Laves 210, Lazarewicz 147, Lederer 62, Lehmann 418, v. Lehmann 295, Lehnebach 432, Leimbach 467, Leist 111, Lentz, H. 131, K. 144. Liebe 477, Liebhold 520, Lindemann 91, Lindner 398, Loeber 107, Löffler 351, Looff 134, Lorenz 241, Löwner 148, Luczakowski 6, Lukas 118, Lüth 74, Lutze 276.
Maade 343, Majer 356, Maionica 234, Majchrowicz 188, Maifs 429, Mannl 345, Margan 67, Marold 70, Maschek 442, Mascow 444, Mayr 97, 472, Mayrhofer 449, Meifsner 29, Mengcr 389, Merkel 288, Merten 411, 412, Metz 53, Michael 338, v. Mirbach 335, Mirow 19, Mohr, P. 193, W. 249, Möller 510, Momber 325, Muche 355, Müller, Jos. 41, Rob. 228, 246, 328, J. 372, F. 499.
Nebelung 385, Nemecek 265, Netoliczka 488, Neuda 307, Neumann 65, Nielsen 469, Niemeyer, E. 94, J. 319.
Oette 177, Ohlert 518, Orgler 500, v. Ortenberg 49, Ortmann 89.
Pagé 80, Pawel 85, Pellengahr 226, Perusek 212, Petelenz 78, Petschar 165, Pochop 143, Pöllner 479, Polster 189, Preifs 52, Pröscholdt 476. Quidde 376.
Rackwitz 347, Ranke 153, Ran 119, Rautenberg 409, Regel 292, Reichl 451, Reichling 113, Reimann 269, 440, Reinhardt 79, Reinthaler 47, Reifsig 271, Resl 201, Richter, 10, R. 122, G. 251, E. 267, O. 509, F. 470, Riedel 192, Rieger 317, Riefs 425, Rischka 297, Rittau 353, Rivola 5, Roder 250, Roderich 46, Roesen 380, Rohleder 87, Rolleder 387, Rösner 336, Rothe 181, Ruff 305, Rummler 40, Rumpf 503, v. Rylski 416, Rysanek 423, Ryssel 216.
Sarg 342, Safs 186, Schäfer 127, 266, Schafft 448, v. Schaewen 401, 406, Scheiding 12, Schepowski 285, Schickopp 69, Schildgen 321, Schimmelpfeng 242, Schipper 301, Schmalz 128, Schmeifser 223, Schmieder 243, Schmidt 206, 248, A. 278, C. E. 145, G. 492, J. 18, L. 167, O. 213; Schmitz 260, Schmuhl 75, Schneider 244, Schnitzer 199, Schödler 494, Scholz 431, Schömann 214, 366, Schönborn 384, Schröer 254, Schubert 162, Schultz 219, Schultze 84, Schulze 48, Schürmann 485, Schüfsler 129, Schütte 90, Schütze 283, Schwabe F. 4, J. 198, Schwen 27, Schwering 370, Scotland 294, Seck 205, Seiler 110, Seldner 86, Sewera 368, Siebeking 326, Siegfried 152, Sieniawski 320, Sievert 514, Silldorf 368, Simonides 426, Sohnek 371, Sommer 430, Sonnenburg 361, Sonntag 379, Spennrath 414. Spiefs 240, Spranck 468, Stainhausen 438, Stamm 130, Stampfer 504, Stange 229, Stefureac 299, Stehlich 60, Stein 207, Steiner 63, 245, 456, Steinhof 184, Stephan 178, Stern 260, Stier 93, Stix 133, Stoltz 403, Stolz 481, Stöpler 154, 160, Strackerjan 498, Strobl 344, 463, Stroka 296, Strommer 329, Suchsland 395, Suklje 333, Süfs 253, Sykora 466.
Tägert 393, Tammen 422, Terwelp 346, Teuber 202, Thamm 332, 350, Thele 66, Thomé 141, Thümen 92, Tren 187. Trübst 168, Tumlirz 102.
Ubbelohde 507, Uhlig 137, Ullmann 115, Unterweger 33, Unverzagt 413, Urwalek 224.

Venediger 239, Vermehren 436, Vigelius 106, Villicus 396, Vogel 61, Vogt,
G. 37, H. 374, Volckmann 505, Volkmann 341, Vollmer 172, Vofs 183.
Wachenfeld 268, Wagner, J. 11, M. 284, Walda 39, Wallner 508, Walter 125,
Walz 81, Wäschke 57, Wastler 460, Wattendorff 100, Weber 179,
Weiland 452. Weinard 275, Weinert 304, Weingartner 76, Weinmeister 391,
Weise 166, Weitzel 383, Wentzel 169, Westermann 511, Westphal 489,
Wetzel 15, Wezel 231, Weyerhäuser 491, Widmann 310, Wihlidahl 427,
Wilhelmi 237, Witte 392, Woksch 233, Wolfsgruber 502, Wölken 493,
Wrampelmeyer 126.
Zahlfleisch 16, Zartmann 484, Zaubitzer 35, Zdiarski 312, Zeehe 98, Ziegler
308, Zinsser 71, Züge 378, Zukal 490.

B. Nach den Schulorten.

Aachen 67, 414, Altenburg 198, Altkirch 140, Altona 180, 272, Andernach 346,
Annaberg 36, Arnsberg 218, Arnstadt 62, Aschersleben 79, Attendorn 266,
Aurich 215.
Baden 115, 499, Barmen 259, 295, Bartenstein 144, Bautzen 174, Bedburg 335,
Belgard 420, Bensheim 249, Berlin 20, 181, 231, 377, Bernburg 247,
Beuthen 227, Bielefeld 338, Bielitz 439. 466, 480, Bingen 474, Blankenburg 184, Blaubeuren 191, Bockenheim 379, Bonn 361, Borna 248,
Bozen 194, 461, Brandenburg 523, Braunau 116, Braunschweig 90
Bremen 445, Breslau 374, 381. Brieg 25, Brixen 33, 408, Bromberg 167,
367, 441, Brühl 10, Brünn 238, 388, Brüx 351, Buchsweiler 421, Büdingen 491, Budweis 43, 427, Bützow 512, Burg 8, Buxtehude 161.
Cassel 37, 60, 264, Charlottenburg 293, Chemnitz, 80, 94, Cilli 77, Clausthal 126, Cleve 58, Coblenz 100, Coburg 138, Coesfeld 370, Colberg 166,
Colmar 475, Conitz 50, Cöslin 47, 398, Crefeld 211, 380, Crossen 292,
Culm 147, Czernowitz 63, 201.
Danzig 214, 435, 518, Darmstadt 154, 160, 354, Demmin 304, Dessau 57,
Diedenhofen 183, Dillenburg 107, Döbeln 270, Dortmund 385, Dresden 209,
280, 283, 326, 394, 397, Duderstadt 157, Duisburg 340, Düren 24, 418,
Durlach 217, Düsseldorf 320, 434.
Eberswalde 202, Eger 148, 438, Eisenach 213, Eisenberg 177, Eisleben 236,
509, Elberfeld 175, 287, Elbing 341, Elbogen 479, Ellwangen 462, Erfurt 376, 407, Essen 415, 521, Eu in 258.
Feldkirch 363, Flensburg 28, Forbac 71, Frankenstein 141, Frankfurt a. M.
203, 470, 516, 519, Frankfurt a. O. 106, 424, Freiberg 458, Freiburg i. B.
121, 288, Freienwalde 419, Freistadt 343, Friedeberg (N. M.) 123, Friedland 229, Fulda 315, Fürstenwalde 152.
Gardelegen 279, Gebweiler 318, Geestemünde 464, Gera 448, 477, Giefsen 4,
Glatz 230, Gleiwitz 54, Glogau 197, 431, Glückstadt 185, Gnesen 257,
Görlitz 447, Görz 234, 311, Goslar 153, Gotha 496, Göttingen 495, Graz
72, 357, 389, 471, 488, Greiffenberg 1, Greifswald 383, Greiz 271, Grimma
255, Güstrow 436, Gütersloh 328.
Hadersleben 399, Halberstadt 112, 492, Hall 500, (Schwäbisch) 390, Halle
75, 220, 430, Hamburg 53, 262, 285, 402, Hameln 168, Hanau 299, 353,
Hannover 129, Hechingen 66, Heidelberg 137, Heiligenstadt 113, Helm-

stodt 96, Hersfeld 268, Hildesheim 313, Hirschberg 219, Homburg 468, Horn 59, Höxter 54, Hradisch 329, Husum 303.
Iglau 508, Ilfeld 242, Innsbruck 405, 481, Inowrazlaw 150. Jägerndorf 273. Jároslau 297, Jauer 505, Jena 251, Jenkau 513, Jever 173, Jülich 119. Karlsruhe 506, Kattowitz 386, Kiel 158, Klagenfurt 73, 456. Köln 41, 207, 260, 291, 452, Komotau 97, Königsberg 52, 70, 278, 400, 510, Königshütte 135, Konstanz 205, Köthen 246, Krakau 78, 296, Krems 307, 344, Kremsier 7, 263, Kremsmünster 308, Krimmitschau 21, Krone (Deutsch) 409, Krotoschin 384, Kruman 459, Küstrin 433.
Laibach 98, 232, Landsberg a. W. 124, Landskron 170, Lambach 193, Lauban 332, 350, Lauenburg 32, 392, Leipa (böhm.) 39, 454, Leipzig 122, 142, 216, 391, Leitmeritz 233, 371, 442, Lemberg 6, 188, 199, Lemgo 132, Leoben 449, Leobschütz 336, Liegnitz 223, Lingen 378, Linz 162, 460, Lippstadt 48, Lissa 182, Löbau 91, Lötzen 145, Löwenberg 484. Lübeck 373, Luckau 515, Lüneburg 507, Lyck 210.
Magdeburg 208, 298, 337, 368, Mainz 109, 494, Malmedy 156, Mannheim 86, 128, 497, Marburg 237, 265, 352, 485, Marienburg 266, Marienwerder 30, Marne 316, Meiningen 476, Meifsen 3, Meldorf 319, Melk 463, 500, Meppen 493, Meran 504, Merseburg 23, Mies 125, Moers 261, Montabaur 364, Mülhausen i. E. 432, Mülheim a. d. R. 522, Mülheim a. Rh. 517, Münster 301, 321.
Nauen 520, Naumburg 146, 171, Neifse 331, 382, Neubrandenburg 68, Neuhaldensleben 437, Neumark 284, Neumünster 89, Neufs 275. Neustettin 204, Neuwied 26, Nikolsburg 11, Norden 252, Nordhausen 206, 347.
Offenburg 314, Ohlau 187, Oldenburg 190, 498, Oldesloe 84, Olmütz 17, 290, Öls 241, Oppeln 169, Osterode 284, Ostrowo 189.
Parchim 74, Patschkau 159, Perleberg 254, Pettau 453, Pforzheim 244, Pillau 29, Pilsen 323, 345, Pirna 362, Plauen 34, Plefs 240, Ploen 186, Pölten St. 253, Posen 117, 417, Prag 18, 82, 195, 196, 327, 429, 451, Prenzlau 51, Profsnitz 277, Prüm 46, Putbus 366, Pyritz 444.
Quakenbrück 404, Quedlinburg 134.
Rastadt 5, Rastenburg 282, Ratibor 440, 486, Rawitsch 40, Recklinghausen 302, Reichenbach 358, Reichenberg 228, Remscheid 360, Rendsburg 334, Rheinbach 339, Rheine 226, Ried 16, Rinteln 55, 151, Rogasen 355, Rössel 130, Rofsleben 225, Rottweil 133, Rudolfswert 325, Rudolstadt 418, Ruhrort 403.
Saarbrücken 406, Saarburg 88, Saargemünd 13, Saaz 411, 412, Sagan 348, Salzburg 149, 365, 478, Salzwedel 49, Sambor 163, Sarajevo 212, 465, Schleiz 489, Schleswig 256, Schleusingen 243, Schneidemühl 222, Schönberg M. 178, Schul-Pforta 9. Schweidnitz 31, Schwerin 120, Schwetz 164. Seehausen 111, Seitenstetten 322, Siegburg 250, Siegen 393, Smichow 102, Sondershausen 467, Sorau 276, Spandau 239, Sprottau 235, Stade 483, Stargard i. P. 87, Stettin 103, 511, 514, Steyr 310, Stockerau 224, 487, Stolp 395, Stralsund 92, 221, Strafsburg 83, 349, 401, 446, Strausberg 101, Strehlitz (Grofs) 65. Stuttgart 2, 356.
Tarnopol 312, Tarnowitz 27, Tauberbischofsheim 155, Teschen 104, 165, Thorn 64, Tilsit 69, 375, Torgau 44, Trarbach 110, Trautenau 482,

Trebitsch 426, Tremessen 342, Trier 22, 108, Triest 99, 274, Troppau 76, 443, 490, Tübingen 136.
...mstadt, Grofs 139. Varel 469, Villach 42.
...aidhofen 192, Waldenburg 12, Wandsbeck 19, Warburg 15, Weidenau 118, Weimar 35, 179, Weifskirchen 143, Wendel, St. 127, Wernigerode 93, Wesel 309, Wetzlar 200, Wien 14, 61, 81, 85, 176, 245, 267, 300, 306, 317, 330, 358, 372, 387, 396, 410, 416, 450, 455, 472, 502, 503, Wiener-Neustadt 333, 369, Wiesbaden 45, 413, Wismar 457, Wittenberg 95, Wohlau 269, Wolffenbüttel 131, Wongrowitz 105, Wurzen 425.
...be 305. Zara 114, Zerbst 473, Zittau 38, Znaim 324, Zuczawa 299, Zwickau 281, 474.